AS ORIGENS DA CABALA

ÉLIPHAS LÉVI

AS ORIGENS DA CABALA

O LIVRO DOS ESPLENDORES.
O SOL JUDAICO. A GLÓRIA CRISTÃ
E A ESTRELA FLAMEJANTE.

Estudo acerca das origens da Cabala com investigações sobre os mistérios da franco-maçonaria, seguidos da Profissão de fé e de elementos da Cabala.

Tradução de

MÁRCIO PUGLIESI E NORBERTO DE PAULA LIMA

EDITORA PENSAMENTO
São Paulo

O primeiro número à esquerda indica a edição, ou reedição, desta obra. A primeira dezena à direita indica o ano em que esta edição, ou reedição foi publicada.

Edição	Ano
13-14-15-16-17-18-19	11-12-13-14-15-16-17

EDITORA PENSAMENTO-CULTRIX LTDA.
Rua Dr. Mário Vicente, 368 – 04270-000 – São Paulo, SP
Fone: 2066-9000 – Fax: 2066-9008
E-mail: pensamento@cultrix.com.br
http://www.pensamento-cultrix.com.br
Foi feito o depósito legal.

SUMÁRIO

ADVERTÊNCIA

A palavra "Kabballah" vai por nós transcrita, por questões meramente fonéticas, como "Cabala", ficando porém claro que o significado não pode ser perdido por questão de forma.

Fornecemos algumas indicações bibliográficas para aqueles que desejarem melhor compreender o assunto:

Aron Barth, Valores Permanentes do Judaísmo, *Editora B'nai B'rith, São Paulo;*

Aimée Pallière, Santuário Desconhecido, *Editora B'nai B'rith, São Paulo;*

— Mishná, *Editora Vozes, Rio de Janeiro;*

Hermes Trismegistos, Corpus Hermeticum e Discurso da Iniciação, *Editora Hemus Ltda., São Paulo.*

Os Tradutores

PREFÁCIO

O judaísmo é a mais antiga, a mais racional e a mais verdadeira das religiões.

Jesus, que se propunha reformar o judaísmo, não aconselhou seus discípulos a abandoná-lo. A reforma de Jesus, não tendo sido aceita pelos chefes da Sinagoga, cuja legítima autoridade nunca foi contestada pelo chefe dos cristãos, foi uma espécie de heresia que invadiu o mundo inteiro.

Maltratados inicialmente pelos judeus, os cristãos, quando se tornaram mais fortes, proscreveram e perseguiram os judeus com o mais vergonhoso e baixo encarniçamento. Queimaram-lhes os livros em lugar de estudá-los e a preciosa filosofia dos hebreus está perdida para o mundo cristão.

Os apóstolos, todavia, pressentiram que o sacerdócio dos gentios duraria pouco tempo ou que a nova fé se debilitaria com o correr do tempo. Diziam então: a salvação nos chegará de Israel e a grande revolução religiosa que nos aproxima de nossos pais será como um passo da morte para a vida.

Os hebreus possuem uma ciência cuja existência era suspeitada por São Paulo, embora este não a conhecesse, e que São João, iniciado por Jesus, ocultava e revelava ao mesmo tempo com os imensos hieróglifos no Apocalipse, tomados em sua maior parte das profecias de Ezequiel. Existe entre eles um livro místico e maravilhoso que se chama Zohar ou Esplendor. Livro imenso, mais importante que o Talmude, que é somente o desenvolvimento de uma teogonia em algumas páginas, que se denomina Siphra Dzeniûta.

Neste livro, tal qual nos trouxe Guillaume Postel, do Oriente, apresentamos o magnífico comentário do rabi Schimeon

Ben-Jochai * e juntamos a ele as principais lendas da tradição maçônica, tiradas em sua totalidade da cabala dos hebreus.

O templo de Salomão era, com efeito, um edifício todo simbólico. Seu plano, sua construção, seus ornamentos, suas bases representavam a síntese de todas as ciências. Era o universo, era a filosofia, era o céu. Salomão havia concebido o plano, Hiram o havia executado com elevada inteligência, os diretores dos trabalhos tinham a ciência dos detalhes, os trabalhadores executavam fielmente os planos dos mestres. Esta hierarquia tão racional e tão precisa é tomada na maçonaria como modelo da sociedade perfeita. A maçonaria é o judaísmo eclético e independente. Os franco-maçons querem reedificar o templo, isto é, reconstruir a sociedade primitiva sobre as bases da hierarquia inteligente e da iniciação progressiva, sem experimentar os entraves dos sacerdotes e reis, e por isso chamam a si mesmos de franco-maçons, isto é, construtores livres.

A publicação desta obra fará que se compreenda a desconfiança com que os sacerdotes católicos olham a maçonaria, que é o judaísmo reformado de acordo com o pensamento de Jesus e de seu apóstolo João, o Evangelista, cuja revelação cabalística referiu-se sempre ao evangelho do cristianismo oculto e das escolas do gnosticismo não profanado. Afiliam-se a estas escolas os joanitas, os templários não-idólatras e os alto-iniciados da maçonaria oculta. Ali se encontram as chaves do futuro, poi serem conservados os segredos da revelação única e universal, a primeira e quiçá a única entre todas as religiões, cuja divulgação no mundo foi feita pelo judaísmo.

Um só Deus, um só povo, uma única ciência, uma única fé, um só rei. Isso é o que pretende o judaísmo, que espera sempre seu templo e seu Messias.

— Quando virá o Messias? — perguntava o rabi Schimeon ao profeta Elias, que descia freqüentemente do céu para conversar com o mestre do Zohar.

— Hoje mesmo — respondeu-lhe o profeta — vai até a porta de Roma e o verás. — O rabi Schimeon foi até a porta de Roma, onde permaneceu o dia todo, voltando sem ver nada

* Querem alguns: Chimon Bar-Jochai. (N. dos T.)

além de indigentes cobertos de úlceras e um desconhecido de aparência pobre que os consolava e lhes curava as chagas. Ao chegar em sua casa encontrou Elias e lhe disse:

— Mestre, por que burlastes vosso servidor?

— Não te burlei, disse o profeta; não viste um homem que exercia a caridade? Pois afirmo que o reino da caridade é o do Messias, e se queres que o Messias venha todos os dias, pratica todos dias a caridade.

A caridade, segundo o apóstolo São João, é resumo e objeto final do cristianismo.

A caridade, segundo São Paulo, é tudo o que deve sobreviver às profecias que se tornaram vãs e à ciência superada pelo progresso.

A caridade, nas palavras do mesmo apóstolo, é superior à esperança e à fé.

Os cristãos que maldiziam os judeus chamando-os assassinos de Deus e os judeus que desprezavam os cristãos chamando-os idólatras, faltavam, tanto uns como outros, à religião que lhes recomendava a caridade.

A caridade é o sentimento profundo e eficaz da humanidade solidária.

O judaísmo deve estender à maçonaria u'a mão fraterna, pois a profissão de fé dos maçons não-ateus é o símbolo de Maimonides, e os cristãos encontrarão nos ritos de seus altos graus toda a revelação alegórica de Jesus Cristo.

Na maçonaria, a aliança, a fusão do judaísmo cabalístico e do cristianismo neoplatônico de São João é um fato verificado. Já existe no mundo uma aliança israelita universal, que recebe em seu seio toda gente honrada de todas as religiões e da qual o honorável M. Crémieux é atualmente presidente. O grande rabi Isidoro é partidário do progresso, da reforma e do livre pensamento. Os judeus iluminados prestam homenagem à moral dos evangelhos e os cristãos instruídos reconhecem a sabedoria e profundo ensinamento do Talmude; a ciência e o livre pensamento aproximam aqueles a quem o fanatismo divide. O estudo da cabala fundiria, num só e mesmo povo, israelitas e cristãos.

Em vão a ignorância e o fanatismo quererão perpetuar a guerra; a paz já foi iniciada em nome da filosofia e amanhã será ratificada pela religião, liberada pelo predomínio final sobre as paixões humanas.

Este grande acontecimento precisa ser preparado dando a conhecer aos homens de ciência as magnificências ocultas da sabedoria judaica. Por esta razão publicamos a tradução e explicação da teogonia contida no *Siphra Dzeniûta*. E saber-se-á que mestres foram esses rabinos da grande escola cabalística. Nada mais estranho e mais belo que o grande Sínodo cujas deliberações estão consignadas no livro do *Idra-Suta*.

Não há nada oculto que não deva ser manifestado, disse Jesus, e o que foi murmurado deve ser gritado sobre os telhados.

E acrescenta: a luz não foi feita para ser colocada sob um alqueire; deve ser colocada no candeeiro, para que ilumine todos os que estejam na casa.

A casa da humanidade é o mundo, o candeeiro é a ciência, e a luz é a razão vivificada e imortalizada pela fé.

Primeira Parte

O IDRA-SUTA OU O GRANDE SÍNODO

Comentário do Siphra-Dzeniûta por Schimeon Ben-Jochai

I

Jerusalém acabara de ser destruída pelos romanos. Fora proibido aos judeus, sob pena de morte, retornar e chorar ante as ruínas de sua pátria. A nação inteira fora dispersada e as tradições santas se perderam. A verdadeira cabala havia cedido seu lugar a sutilezas pueris e supersticiosas. Os que pretendiam conservar a herança da doutrina oculta eram somente adivinhos e feiticeiros proscritos pelas leis das nações. Foi então que um rabino venerável, chamado Schimeon Ben-Jochai, reuniu a seu redor os últimos iniciados da ciência primitiva e resolveu explicar-lhes o livro da alta teogonia, chamado o livro do Mistério. Todos sabiam o livro de cor, porém o rabino Schimeon era o único que conhecia o sentido profundo desse livro, que era transmitido de boca a boca, e de pensamento a pensamento, sem ser jamais explicado ou escrito.

Para reuni-los, eis aqui as palavras que lhes dirigiu:

"Por que, nestes tormentosos dias, permaneceis como uma casa que se apóia em uma única coluna ou como um homem que se sustenta sobre um pé apenas? É tempo de trabalhar pelo Senhor, pois os homens perderam o verdadeiro sentido da lei.

"Nossos dias se acabam, o Mestre nos chama, a messe está abandonada e os vindimadores extraviados não sabem onde está a vinha.

"Reuni-vos nesta campina, que foi um vergel, ora abandonada. Vinde como que para combater, armados de prudência, de sabedoria, de inteligência, de ciência e de atenção; que vossos pés permaneçam livres como vossas mãos.

"Reconhecei como único mestre *Aquele* que dispõe da vida e da morte, e proferiremos, reunidos, as palavras de verdade que os santos do céu queiram ouvir e que se acerquem de nós para nos escutar."

No dia marcado os rabinos se reuniram no meio do campo, em um espaço circular rodeado de muros.

Chegam em silêncio. O rabi Schimeon senta-se no meio deles e, ao vê-los reunidos, chora.

"Desgraçado de mim, exclama, se revelo os grandes mistérios! Desgraçado de mim se os torno ignorados!"

Os rabinos permaneceram silenciosos.

Finalmente, um deles, chamado rabi Abba, tomou a palavra e disse:

"Com sua permissão, Mestre. Não está escrito: 'Os segredos do Senhor pertencem àqueles que o temem?' E todos os que aqui estamos porventura não tememos ao Senhor e não estamos iniciados nos mistérios secretos dos Templos?"

Eis aqui o nome dos que estavam presentes: o rabi Eleazar, filho do rabi Schimeon; o rabi Abba, o rabi Jehuda, o rabi José, filho de Jacó; o rabi Isaac, o rabi Thiskia, filho de Raf; o rabi José e o rabi Jesa.

Todos, para iniciar-se no segredo, dirigiram suas mãos à do rabi Schimeon e levantaram com ele o dedo para o céu. Depois sentaram-se ao ar livre, ocultados pela sombra das grandes árvores.

O rabi Schimeon se levantou e rezou; depois se sentou e lhes disse: "Vinde e pousai vossa mão direita no meu peito."

Assim o fizeram; e ele, tomando todas as mãos com as suas, lhes disse: "Maldito seja aquele que fizer para si um ídolo e o ocultar! Desgraçado daquele que cobrir a mentira com véus de mistério!"

Os oito rabinos responderam: "Amém."

O rabi Schimeon continuou:

"Existe apenas um Deus verdadeiro, ante o qual os deuses não são nada; nem existe outro povo senão aquele que adora o verdadeiro Deus."

Depois chamou a seu filho Eleazar e o fez sentar diante de si. Do outro lado colocou o rabi Abba e disse: "Nós formamos o triângulo, que é a forma primordial de tudo quanto existe; nós representamos a porta do templo e suas duas colunas."

O rabi Schimeon não falou mais nada e seus discípulos guardaram silêncio. Então se ouviu um murmúrio confuso, como o de uma grande assembléia.

Eram os espíritos do céu que haviam descido para escutar. Os discípulos estremeceram, porém o rabi Schimeon disse: "Não temais nada e regozijai-vos. Está escrito: 'Senhor, senti tua presença e tremi.'

"Deus reinou sobre os homens em outro tempo pelo temor, porém atualmente nos governa pelo amor.

"Não foi dito: 'Amarás a teu Deus', e não disse Ele próprio: 'Eu os amei'?"

Acrescentou depois: "A doutrina secreta é para as almas serenas; as almas agitadas e sem equilíbrio não podem compreendê-la: pode-se cravar um prego numa muralha móvel pronta a ruir ao menor choque?

"O mundo inteiro está fundado no mistério e se é preciso discrição quando se trata de assuntos terrestres, quanto mais reservados devemos ser quando se trata dos dogmas secretos, que Deus não revela nem aos mais elevados de seus anjos?

"O céu se inclina para escutar-nos; porém, não me expressarei sem véus. A terra comove-se para ouvir-nos; porém, não lhes falarei sem parábolas.

"Somos neste momento a porta e as colunas do Universo."

Finalmente, o rabi Schimeon falou e uma tradição conservada no arcano dos arcanos nos assegura que quando abriu a boca a terra tremeu sob seus pés e seus discípulos sentiram a comoção.

II

Falou inicialmente dos reis que reinaram no Éden, antes da vinda do rei de Israel; imagens de potências mal equilibradas, que se manifestaram inicialmente no Universo com o triunfo da harmonia.

"Deus, disse, quando quis criar, velou sua glória e nas pregas desse véu projetou sua sombra.

"Dessa sombra se destacaram os gigantes que disseram: 'Somos reis, quando não éramos mais que fantasmas.'

"Eles apareceram porque Deus havia-se ocultado, iniciando a noite dentro do caos, e desapareceram quando dirigiu para o oriente a cabeça luminosa, a cabeça que a humanidade assume proclamando a existência de Deus, o sol regulador de nossas aspirações e pensamentos.

"Os deuses são as ilusões ópticas da sombra e Deus é a síntese dos esplendores. Os usurpadores caem quando o rei ascende ao seu trono, e quando Deus aparece os deuses se desvanecem."

III

"Depois, quando permitiu que a noite existisse para que aparecessem as estrelas, Deus se volveu para a sombra que engendrou e a olhou para lhe dar forma.

"Imprimiu uma imagem no véu com que havia coberto sua glória e essa imagem lhe sorriu e quis que essa imagem fosse a sua para criar o homem à semelhança dela.

"Experimentou de certo modo a prisão que queria dar aos espíritos criados. Olhava a forma que deveria ser algum dia a do homem e seu coração se enterneceu, pois presumiu as queixas de sua criatura.

"Tu que queres submeter-me à lei, dizia, prova-me que esta lei é justa, submetendo-te tu mesmo a ela.

"E Deus se fez homem para ser amado e compreendido pelos homens.

"Assim o conhecemos sem conhecê-lo; ele nos mostra uma forma sem tê-la. Nós o supomos velho, quando em verdade ele não tem idade.

"Está sentado em seu trono, do qual desprendem-se eternamente milhões de chispas luminosas, e ordena o porvir dos mundos. Sua cabeleira radiosa acha-se coalhada de estrelas. O

Universo gravita em redor de sua cabeça e os sóis se banham em sua luz.

IV

"A imagem divina é dupla. Tem a cabeça luminosa e a cabeça sombria; o ideal branco e o ideal negro, a cabeça superior e a cabeça inferior. Uma é o sonho do Homem-Deus; a outra é a suposição do Deus-Homem. Uma, a forma do Deus de Sabedoria; a outra, o ídolo do vulgo.

"Toda luz, com efeito, supõe uma sombra, e não chega a ser claridade senão pela oposição dessa sombra.

"A cabeça luminosa verte constantemente sobre a cabeça negra um rocio de esplendor. Abre-me, meu bem-amado, disse Deus à inteligência, posto que minha cabeça está inundada de rocio e pelos cachos de meus cabelos resvalam as lágrimas da noite. Este rocio é o maná de que se alimentam as almas dos justos. Os eleitos têm fome e a satisfazem com sobejo nas campinas do céu.

"Essas gotas são pérolas redondas, brilhantes como o diamante e límpidas como o cristal. São brancas e brilham com todas as cores, pois existe uma simples e única verdade: o esplendor de todas as coisas."

V

"A imagem divina tem treze raios: quatro em cada lado do triângulo, que a limitam, e um na ponta ou vértice superior.

"Desenhai-a no céu com vosso pensamento, traçai as linhas de estrela a estrela e ela conterá três mil e sessenta multidões de mundos.

"O ancião superior, chamado *Macroprosopopéia* ou a grande hipótese criativa, chama-se também *Arich-Anphin,* quer dizer, a face imensa. O outro, o deus humano, a face da sombra, a *Microprosopopéia,* isto é, a hipótese restritiva, chama-se *Seir-Anphin* ou face menor.

"Quando este rosto vê a face de luz, aumenta e chega a ser harmonioso. Tudo, então, se ordena, porém não pode ser permanente, pois os pensamentos do homem são variáveis como ele.

"Porém um raio de luz reúne sempre a sombra à claridade. Esse raio cruza as inumeráveis concepções do pensamento humano e as une ao esplendor divino.

"A cabeça luminosa estende sua alvura sobre todas as cabeças ou entidades que pensam segundo a lei e a razão."

VI

"A cabeça do ancião supremo é um recipiente inviolável, em que a sabedoria repousa como um vinho envelhecido.

"Esta sabedoria é impenetrável; auto-suficiente em silêncio; dentro da eternidade; e não é alterada pelas vicissitudes do tempo.

"Ela é a luz, porém a cabeça negra é a lâmpada. O azeite da inteligência lhe é medido e sua claridade se manifesta por trinta e duas vias.

"O Deus revelado é o Deus velado. Essa sombra humana de Deus é como o misterioso Éden, de onde surgia um misterioso manancial que alimentava quatro rios.

"Nada surge de Deus. Sua substância não se esparge. Nada sai d'Ele, nada o penetra, pois é impenetrável e imutável. Tudo o que começa, tudo o que aparece, tudo o que se divide, tudo o que flui e passa, começa, aparece, se divide e passa em sua sombra. Porém Ele é imutável em sua luz e permanece como o vinho velho, que não se agita nunca e repousa em seu tonel."

VII

"Não intenteis penetrar os pensamentos da cabeça misteriosa. Seus pensamentos íntimos são ocultos, porém seus pensamentos exteriores e criativos resplandecem como uma cabeleira branca e sem sombra, cujos cabelos não se entrelaçam uns com os outros.

"Cada cabelo é um raio de luz que interliga milhões de mundos. Os cabelos se dividem em sua fronte e caem para cada um dos lados, porém cada lado é o lado direito. Pois na imagem divina que constitui a cabeça branca não há lado esquerdo.

"O lado esquerdo da cabeça branca é a cabeça negra, pois no simbolismo tradicional o inferior equivale à esquerda.

"Entre o superior e o inferior da imagem não deve existir maior antagonismo que o existente entre a mão direita e a esquerda do homem, pois a harmonia é resultante da analogia dos contrários.

"Israel, no deserto, exclamou desalentado:

"— Deus está conosco ou contra nós?

"Referiam-se ao conhecido e não ao desconhecido.

"Eis como separavam a cabeça branca da cabeça negra.

"O deus de sombra tornou-se então fantasma exterminador.

"Eram castigados, porque haviam duvidado por falta de confiança e amor.

"Não se compreende a Deus, porém amamo-lo e é o amor que dá origem à fé.

"Deus se oculta à mente humana, porém se revela a seu coração.

"Quando o homem diz: 'Eu não creio em Deus', é como se dissesse: 'Eu não amo'."

"E a voz de sombra responde: 'Morrerás, porque teu coração abjura a vida.'

"A Microprosopopéia é a grande noite da fé, e é na fé que vivem e suspiram os justos. Eles estendem suas mãos e prendem-se aos cabelos do pai, dos quais deslizam gotas de luz que iluminam a noite.

"Entre as duas partes da cabeleira suprema está o sendeiro da iniciação, o sendeiro do meio, o sendeiro da harmonia dos contrários.

"Ali, tudo se compreende e se concilia. Só ali o bem triunfa e o mal não existe.

"Esta rota é a do supremo equilíbrio e se denomina o último juízo de Deus.

"Os cabelos da cabeça branca se espargem igualmente bem ordenados por todos os lados, porém não cobrem as orelhas.

"Os ouvidos do Senhor estão sempre atentos para escutar a oração. Nada poderá impedir que ele ouça o clamor do órfão e a queixa do oprimido."

O COLÓQUIO

I

"Na fronte da cabeça suprema reside a majestade das majestades, a bondade de todas as bondades; o verdadeiro prazer dos verdadeiros prazeres.

"Este é o amor, cuja força é criada e compartilhada por todos os que amam. A esse amor deve corresponder a vontade da humanidade, figurada pela fronte da Microprosopopéia.

"A fronte do homem coletivo se denomina Razão. Freqüentemente ela está velada por sombras; porém, quando se desvela, Deus acolhe as orações de Israel. Mas quando ela se desvela?"

O rabi Schimeon se detém um instante para renovar a pergunta:

"Sim, quando?"

E voltando para o rabi Eleazar, seu filho, repete:

"Quando é que ela se descobre?"

"Ao enunciar-se a oração, que se faz em comum no dia do Senhor, respondeu o rabi Eleazar."

"Como?" — perguntou o mestre.

"Os homens, quando rezam, prosternam-se ante um Deus que imaginam irritado; a fronte da cabeça sombria carrega-se então de nuvens e tem-se a impressão de que um raio está prestes a ser desferido.

"Mas, as sombras se entreabem ante um raio desferido pela face suprema: a serenidade eterna imprime seu olhar na sombra e até a fronte da face negra se ilumina.

"Quando os justos oram, dirigem-se à bondade divina e o sentimento de bondade dissipa neles as sombras do temor. A serenidade da face humana é a luz radiosa da face divina.

"Quando a cólera se extingue do coração do homem, ele sonha com o perdão de Deus; porém é apenas o homem que perdoa, pois Deus jamais se irrita.

"Adão foi expulso do paraíso terrestre pela ira e malignidade da cabeça sombria; porém o rosto luminoso lhe sorria sempre no paraíso celeste.

"O Éden dividido pelos quatro rios é um mistério da cabeça sombria. Os símbolos obscuros saem do pensamento obscuro; o deus dogmático é o pai das alegorias misteriosas.

"O Éden superior não tem divisões nem exclusões; não existem maçãs envenenadas no jardim do Deus Supremo.

"Porém o Pai é o único que conhece seu Éden, é o único que compreende seu amor, sempre inflexível por não ser nem débil nem colérico."

II

"Continuemos a desenhar mentalmente a cabeça hieroglífica que nos simboliza o Pai. Que olhos lhe daremos?

"Olhos distintos dos mortais: sem supercílios e pálpebras.

"Pois Deus nunca dorme; seus olhos nunca se fecham.

"Não está escrito: 'Jamais sonha, nunca dorme aquele que é o guardião de Israel'?

"Também está escrito: 'O olhar do Senhor percorre sem cessar o Universo inteiro' — e, conseqüentemente, foi dito: 'O olhar do Senhor se detém sobre aqueles que o temem; o olho de Adonai está fixado sobre Israel.'

"Existe aí alguma contradição? Não, em verdade, pois o Senhor que contempla o Universo inteiro é o Deus de luz, e aquele que prefere e olha um único povo é o Deus da sombra.

"A preferência dada a Israel seria uma injustiça e, conseqüentemente, uma vergonha se Deus não assistisse ao mesmo tempo ao Universo inteiro. O olho do privilégio veria incorretamente se não fosse sustentado e retificado pelo olho da justiça. Por isto damos dois olhos à cabeça suprema; porém esses dois olhos são os dois focos de uma elipse, e essa elipse constitui um único olho.

"Este único olho tem três raios e três auréolas.

"Essas auréolas são coroas que constituem o triplo reinado das coisas visíveis a Deus.

"São dois olhos; porém, quando se quer distingui-los, sintetizam-se num único.

"O direito é o único composto de luz e sombra, pois as duas faces não são mais que uma, como os dois olhos constituem apenas um.

"O olho esquerdo é o da Microprosopopéia e este possui sobrancelhas, que se franzem e pálpebras que fecham.

"Ele dorme freqüentemente, pois está feito à semelhança do homem, e é a ele que se faz referência quando se diz: 'Senhor, desperta e dirige-nos teu olhar.'

"Desgraçado do homem que vê o olho de Deus vermelho e inflamado pela cólera!

"O que acredita num Deus que se irrita, onde buscará seu perdão?

"O Ancião dos dias é todo bondade, e o raio de seu olhar é a luz mais branca e pura.

"Ditosa é a parte dos Homens, justa e sábia, que o vê inteiramente com essa pureza e essa brancura! Está escrito: 'Vinde, família de Jacó, e marchai com a luz de Adonai.'

"O nome do Supremo Mestre, não obstante, permanece rodeado pelo mistério.

"Em nenhum lugar da lei isto é explicado, exceto naquela passagem em que Deus disse a Abraão: 'Juro por Mim mesmo que, por ti, Israel será bendito.'

"Quem pode empenhar-se com um juramento senão o Deus humano? E que é Israel na ordem divina mais que a fé divina de Israel?

"E se Deus disse, pela boca do profeta: 'Israel, tu serás minha glória', não é o Deus da sombra que quer glorificar-se no esplendor do Deus da luz de Israel?

"Para atribuir-lhe algum nome chamá-lo-emos Ancião dos dias. Com efeito, diz a profecia de Daniel: 'Vi desmoronarem-se os tronos, e vi o Ancião dos dias sentado.'

"Levanta-te, rabi Jehuda, e deste teu lugar dize-nos quais são os tronos que caem."

"Está escrito — disse o rabi Jehuda — 'Seu trono é o foco do fogo que dá a vida. Deus se senta neste trono e o fogo vivifica, em lugar de devorar e destruir.

"Se Deus deixa o trono, o foco se extingue por medo de consumir os mundos. Onde se assenta Deus, ali se encontra o equilíbrio.

"Quando sua potência se acumula em um centro, cria-se um universo e todos os demais se deslocam para gravitar em torno deste, pois Deus se move para repousar e repousa para se mover."

E o rabi Schimeon disse ao rabi Jehuda: "Que Deus te guie pelos caminhos eternos e permaneça em teus pensamentos."

III

"Vinde e vede. Está escrito: 'Sou Eu mesmo em todos os seres. Sou desde o princípio, e no término das coisas ainda assim estou por inteiro.'

"Tudo é ele, pois tudo o revela. Ele se oculta enquanto existe. Seu sopro anima tudo o que respira e por isso, entre os mistérios de seu rosto alegórico, explicaremos agora o do nariz. Do nariz depende especialmente o caráter de uma fisionomia.

"Mas a cabeça de luz e a cabeça de sombra têm caracteres diferentes.

"O nariz da cabeça Suprema sopra a vida para a cabeça inferior.

"De uma dessas narinas procede a vida pessoal, e da outra a vida coletiva.

"Porém o espírito único, resultado desse duplo sopro, é o apaziguamento e o perdão.

"É este sopro que, nos tempos do Messias, deve apaziguar as tempestades e acalmar as cóleras.

"O espírito de sabedoria e de inteligência.

"O espírito de prudência e de força.

"O espírito de ciência e de temor do Senhor.

"São espíritos diferentes? Dissemos que o sopro do Pai é único. Levanta-te, rabi José."

O rabi José se levantou e de seu lugar disse: "Nos dias do Messias a sabedoria não se ocultará, porque as inteligências desabrocharão.

"O sopro do Pai, o espírito de Deus, virá com os seis espíritos que formam um único, como os seis degraus do trono de Salomão serviam de base a um único trono.

"Assim se explicam os sete espíritos frente ao trono, de que falam os antigos profetas. São os sete matizes da luz, as sete notas musicais, as sete aspirações que formam o sopro único do espírito."

Disse o rabi Schimeon: "Possam os seres descansar em paz no mundo vindouro.

"Enquanto isto, vinde e observai: Quando o profeta Ezequiel invoca o espírito para vivificar os mortos, chama os quatro sopros que compõem o espírito vital.

"Quais são estes sopros inspiradores? O de Deus para o homem, o do homem para Deus e o que resulta desta mistura e, finalmente, o grande sopro imenso e eterno de Deus, que gira em torno do mundo e volta à boca do Pai. Estes quatro sopros sintetizam-se num só que é o espírito vital.

"Também o profeta, volvendo-se para os quatro pontos cardeais, chamava um só espírito.

"Não se disse que nos tempos do reinado do Messias, quando o espírito da inteligência e da ciência se estenderá por toda a carne, toda alma humana, sem necessidade de ensinamento e investigação, conhecerá a verdade?

"Porque então, as almas, quando os véus da mentira houverem-se dissipado para sempre, não estando separadas pela variedade dos erros, confraternizarão entre si e serão transparentes como um cristal.

"Cada um irradiará para todos, e receberá as irradiações de todos através de uma espécie de aspiração e de respiração universal.

"Assim todo espírito vivente se comporá de quatro sopros.

"Então ocorrerá uma ressurreição universal da vida intelectual.

"Os quatro espíritos sintetizados no triângulo circunscrito pelo quadrado explicam, no simbolismo dos números, o mistério dos sete espíritos.

"O nariz da cabeça Suprema expira criações sempre novas. Aquele da cabeça sombria exala a destruição e o incêndio.

"A cabeça negra aspira a vida e expira a morte. A cabeça branca absorve a morte e exala a vida.

"Quem pode conceber estas estranhas e monstruosas cabeças? Quem as viu alguma vez e quem conseguirá compreendê-las? Os reis dos reis, isto é, os mestres da ciência e da sabedoria, são os únicos que podem compreender onde e por que estão traçadas, e quanto é verdadeiro o axioma que afirma que existem e que não existem."

Os mistérios da barba branca

O rabi Schimeon havia-se detido um momento; tomou de novo a palavra e disse: "Desgraçado o que estende u'a mão profana para a majestática barba do Pai dos pais. Essa barba é uma glória que sobrepassa todas as outras glórias; é um mistério que envolve todos os mistérios. Ninguém a viu e ninguém pode tocá-la.

"A barba é o ornamento dos ornamentos, a majestade das majestades.

"A barba põe em comunicação as orelhas com a boca e se irradia rumo aos lábios como a palavra que dá vida e luz às almas.

"Por isso a consideramos como a figura simbólica do Verbo.

"Ela oculta todos os mistérios e ensina todas as verdades.

"É branca como a neve e projeta uma sombra mais tenebrosa que a noite.

"Divide-se em treze partes, pelas quais se espargem os perfumes mais preciosos: duas partes que descem do nariz até os cantos da boca, separadas por um espaços sem pêlo, duas que unem a barba ao nascimento das orelhas e a própria barba dividida em três mechas, que por sua vez se dividem em outras três.

"Esta barba é perfeita e por isto a tomamos como o Verbo que é perfeito.

"Ela é toda bondade, toda equilíbrio e toda justiça.

"Acima resplandecem as maçãs do rosto, como duas maçãs vermelhas, que refletem a luz vital sobre a sombra da Microprosopopéia.

"O branco e o vermelho, pela derivação de sua natureza, constituem a cor da rosa misteriosa, a brancura do leite e o vermelho do sangue, a brancura da luz e o vermelho do fogo.

"Tudo o que é branco e vermelho na natureza deriva da rosa suprema.

"As treze partes da barba branca representam a síntese de todas as verdades, e o homem que compreende esta barba alegórica é um homem repleto da verdade.

"Não costumamos dizer do homem judicioso e forte que, antes de lançar-se a uma empresa, baixa seus olhos e reflete: É um homem que considera sua barba?

"E os que estendem sua mão e juram pela barba de um ancião, fazem-no pela verdade representada nas treze formas da barba suprema: quatro (as quatro letras do nome sagrado, os quatro elementos, os quatro cantos do quadrado, os quatro pontos cardeais celestes) e nove, isto é, três vezes três: o ativo e o passivo e o seu equilíbrio, engendrando a si mesmo."

Mistério da barba negra

"Existe ordem e disposição sistemática na barba da Microprosopopéia? Levanta-te, rabi Isaac, e daí onde estás explica-nos as formas da barba negra."

O rabi Isaac levantou-se e falou assim: "Escutai as treze palavras do profeta Miquéias:

I

"Quem se assemelha a ti, Senhor?

II

"Afugentas a injustiça.

III

"Passas rapidamente sobre o pecado.

IV

"Porque desejas salvar, no final, teu povo.

V

"Não conservarás eternamente a cólera.

VI

"Porque o que queres é o perdão.

VII

"A misericórdia nos assistirá novamente.

VIII

"Vencerás nossas iniqüidades.

IX

"Enterrarás no fundo do mar até a última lembrança de nossas faltas.

X

"Darás a verdade como herança à família de Jacó.

XI

"E misericórdia eterna à família de Abraão.

XII

"Cremos no juramento que formulaste a nossos pais.

XIII

"Cremos nas promessas dos primeiros dias."

"Estas são, continuou o rabi Isaac, treze gotas do precioso bálsamo caídas das treze partes da barba suprema e que criam a ordem no caos da barba inferior. A barba negra tem cabelos crespos e eriçados, entremeados.

"Porém as treze gotas do bálsamo misericordioso os obrigam a conformar-se com as disposições harmoniosas da barba superior.

"Porque a barba branca projeta seus fios longos, sedosos e flexíveis até tocar a barba negra e crespa. E esses eflúvios amorosos suavizam a rudeza do sombrio tosão.

"Cabelos espessos e crespos são freqüentemente símbolo de servidão intelectual.

"E, se se considera o cabelo como a irradiação do cérebro, um pensamento tranqüilo e lúcido deve ser representado por uma cabeleira fina, suave e flexível.

"Porém, a boca é análoga ao cabelo, de que tanto se diferencia. A cabeleira se localiza atrás das orelhas e perto destas começa a barba, que se irradia ao redor da boca.

"A barba negra é a sombra da barba branca, tal como a lei é a sombra da liberdade, e a ameaça, a sombra do perdão e do amor.

"Bem, nós dissemos que a sombra e a luz são necessárias à manifestação do dia e que toda claridade se revela por uma mistura de luz e de sombra.

"Também podemos dizer que na revelação divina a sombra absoluta não existe e que tudo é luz. A luz que brilha é a luz branca e a luz que se oculta na sombra é a luz negra.

"A lei está escrita em página branca por carvões negros colhidos do altar, com tenazes, pelos Serafins.

"A grande folha de luz é a escrita com caracteres de fogo. Por isto representamos o pensamento divino, o espírito das Escrituras, por uma barba branca e suave, em contraste com a barba crespa e dura.

"Uma representa o espírito; a outra, a letra da lei.

"O mesmo acontece com as cabeleiras: a do Deus da luz é branca como a neve, e os cabelos são unidos e soltos.

"A do Deus de sombra é negra como a asa do corvo e os cachos são retorcidos e emaranhados.

"Porém a barba branca embalsama a barba negra com seus perfumes e a cabeleira de luz irradia seus esplendores através da cabeleira de sombra, de modo que as duas barbas e as duas cabeleiras apresentam tão somente u'a mesma cabeça, que é a figura simbólica e alegórica de Deus."

Detalhes relativos à grande barba branca

Primeira Parte

"A primeira parte da barba misteriosa é a que começa nas proximidades da orelha direita e desce até o extremo da boca.

"A barba tem origem no calor viril do sangue; pode-se dizer, portanto, que é filha do coração do homem; porém, alongando-se até a cabeleira, que é irradiada pelo cérebro, pode-se dizer que é filha do pensamento.

"Os fios são macios como cabelos, não têm quase comprimento. É o Verbo em sua geração divina.

"Há trinta e um pequenos cachos arranjados em perfeita ordem e cada cacho é composto por trezentos e noventa fios.

"Esses números representam os mundos intelectuais que o pensamento de Deus quer produzir pelo Verbo. Cada mundo deve engendrar outros, multiplicados pela dezena misteriosa e pelo ternário sagrado. Da dezena à centena, da centena ao milhar, os mundos se multiplicam em razão das idéias criadoras e na proporção exata dos germens já formados.

"Cada pêlo da barba nascente termina em um ponto luminoso, e cada ponto luminoso é a origem de um sol.

"Para receber o sol abre-se uma noite, que a nova estrela deve fecundar, noite prenhe de fantasmas e de horror, que o sol nascente ilumina e dissipa com um sorriso.

"E somente se pode perceber a barba suprema pelo resplendor que produz na barba de sombra.

"Não se diz no livro dos Salmos: 'O perfume da cabeça suprema chega até a barba do Pai e daqui, até a barba de Aarão?'

"Quem é Aarão? O grande sacerdote. E que é o grão-sacerdote senão a figura da sombra e a personificação humana do Deus negro?

"O salmo que acabamos de citar começa por dizer que a perfeição do bem e o triunfo da felicidade permanecem, pela união fraterna.

"Quem são os irmãos, senão os dois velhos?

"Deus necessita do pontífice para nós, porém o hierofante chegará a ser a noite da morte, se se separar de Deus.

"Deus dá a luz ao sacerdote e o sacerdote dá a Deus sua sombra.

"O sacerdote é o irmão de Deus, assim como a sombra é irmã da luz.

"O que o sacerdote vê sobre a terra no exercício do grande sacerdócio, Deus o faz também no céu; com a diferença da direita e da esquerda, do dia e da noite, da cólera que condena e da mansidão que reconcilia e une.

"É assim que a harmonia religiosa é resultado da analogia dos contrários."

"Então, disse o rabi Schimeon ao rabi Isaac, possa a harmonia suprema irradiar sobre ti; posto que a barba luminosa é o signo de tua força eterna. Possamos ver conjuntamente o rosto do Ancião dos dias e gozar a paz e a alegria das almas iluminadas pelo mundo do porvir!"

Segunda Parte

"Levanta-te, rabi Chiskija, e de teu lugar fala-nos das glórias de uma parte da barba santa."

O rabi Chiskija levantou-se e falou assim:

"Está escrito: 'Pertenço a meu bem-amado e sua condescendência me penetra.' Para os homens, para cada um de nós, o pensamento supremo se origina no Verbo, criador de todos os pensamentos e de todas as formas.

"Vejo um rio de luz que desce da compreensão divina e se transforma em trezentas e trinta e cinco vozes harmoniosas.

"Nessa luz se banha a noite, purificando-se das sombras.

"Vejo formas tenebrosas submergindo-se nas ondas cristalinas para emergirem brancas como as próprias ondas.

"Supliquei às inteligências superiores e estas me explicaram o que eu via.

"Responderam-me: 'Vês de que modo Deus elimina a injustiça.'

"Pois entre seu ouvido e sua boca, entre seu entendimento e o Verbo, não existe lugar para a mentira.

"Na luz viva, na luz ilimitada, a sombra não poderia existir, pois é necessário que exista brancura e que esta se transforme em luz.

"É desta forma que Deus transformará em bem o mal que fazem os homens. Isto é o que me inspira a segunda parte da barba santa, análoga e paralela à primeira."

O rabi Chiskija, tendo assim falado, tornou a sentar-se.

Então disse o rabi Schimeon: "O mundo não é um enigma, nem um inferno. Sê bendito pelo Velho supremo, ó! rabi Chiskija, porque consolaste nossos corações.

"Todos os raios convergem para seu centro; vejo o harmonioso conjunto da obra do Criador. Das alturas onde nos encontramos, podemos vislumbrar a terra santificada pelo próximo florescimento de seus destinos.

"Vemos o que não viu o próprio Moisés, quando subiu pela segunda vez ao monte Sinai.

"O sol de justiça, no qual cremos, o sol que virá, é o sol que ilumina nossas faces.

"Sinto a minha resplandecer de fé e de esperança, e, mais feliz que Moisés, sei por que meu rosto irradia luz. Moisés nem sabia que sua face havia-se tornado luminosa pela contemplação de Deus.

"Vejo ante meus olhos aquela barba alegóric como se tivesse sido esculpida por um hábil artista em treze partes que representam a união da verdade.

"À medida que as explicais, vejo todas as suas partes disporem-se em bela ordem e reunirem-se àquela cabeça ideal que damos por suporte à misteriosa coroa.

"O rei se me aparece então como de um ponto médio de seus inumeráveis anos. Os efeitos unem-se às suas causas, ligados entre si, impulsionados pelos princípios, e o princípio dos princípios reina com soberano domínio em seu centro, que está em todas as partes.

"Regozijai-vos, meus companheiros, com esta revelação santa, porque o mundo não compreenderá o que compreendemos, nem verá o que vemos, ao contemplar o reino do Messias!"

As Outras Partes

Assim realizaram os grandes rabinos, sucessivamente, a análise da barba santa. Aqui a explicação deve deixar lugar para o texto, cuja afetada obscuridade oculta sutilezas e lacunas.

A cabeleira, que se irradia do crânio, é tida por estes grandes hierofantes como uma imagem dos pensamentos divinos, e a barba que se irradia em torno da boca, como símbolo das palavras santas. A cabeleira é o Verbo de Deus, em sua autoconsciência; a barba é a Palavra de Deus manifestada: nas suas obras ou nas escrituras inspiradas. Esta barba se divide em treze partes, porque a teologia secreta dos cabalistas se liga inextricavelmente às nove cifras que compõem todos os números e às quatro que formam o nome de Jehovah.

A ciência dos números, tomada como a álgebra das idéias, é o *Bereschith;* a ciência das letras do nome sagrado é a *Mercavah. Beras chith*, ou *Bereschith*, quer dizer gênese, geração ou genealogia. *Mercavah* quer dizer carruagem, como se as quatro letras simbólicas fossem as rodas da carruagem de Deus, que Ezequiel contemplou em sua visão. Eram rodas de luz que giravam concentricamente; eram esferas celestes, círculos entrecruzados, cujos centros estão em toda parte, bem como as circunferências e seu centro comum, enquanto a circunferência definitiva não está em parte alguma.

Porém, na realidade, o nome de Jehovah não tem mais que três letras, porque a quarta é uma repetição da segunda: Iod-He-Vau-He.

Assim, as treze divisões da barba suprema equivalem ao ciclo de doze, mais o centro, que será preciso dar a estes números para dispô-los em círculo no relógio dos tempos.

Estas sutilezas teológicas, relacionadas com abstrações numéricas, eram, por assim dizer, a escolástica dos antigos rabinos, pais da filosofia cabalística. Tais deduções, bastante exatas e freqüentemente sublimes, e outras por vezes pueris, eram o resultado deste método. "Deus, disse Salomão, criou tudo com número, peso e medida." Eles inculcaram na mente de certos calculistas ingênuos que a Álgebra era o jogo sagrado de Prometeu e que se podia criar o homem com o exclusivo pronunciar de algumas palavras. Isto é verdade, por vezes, segundo o sabem os grandes oradores, porém somente de uma forma metafórica. Sem dúvida, a matéria obedece ao movimento resultante das forças, que podem ser determinadas por números. Mas os números, para os hebreus, são representados pelas letras do alfabeto, e é por meio destas que Deus criou o espaço e os mundos; a letra é, com efeito, o signo convencional de força, porém não é a força. É assim que no livro do *Zohar,* que estamos analisando, os rabinos reunidos em torno do rabi Schimeon formulam suas idéias sobre a divindade em torno da figura alegórica de uma cabeça humana, em que os olhos e as orelhas representam a inteligência; os cabelos, os pensamentos; a barba, a palavra, ou melhor, as expressões e as manifestações da verdade. Disseram que esta cabeça não existe de forma visível e tangível; que Deus é inacessível a nossos sentidos e inteligência; que não podemos compreendê-lo a não ser em suas relações conosco, o que não impediu que grande número de homens supersticiosos atribuíssem a Deus figura humana, não só na antiguidade, mas em épocas muito próximas da nossa. Assim, Swedenborg, esse místico admirável, sustentava que o Universo era, na realidade, um homem imenso, com cabelos luminosos, braços e pernas estrelados; que este homem foi feito à imagem e semelhança de Deus; que é em si mesmo um homem tão imenso e tão brilhante que nenhum olho humano pode vê-lo. Ainda, em nossos dias os mórmons imaginam que o Universo é limitado e que Deus, sob a forma de um homem gigantesco, que ocupa o centro, está sentado sobre um colossal *Urim-Thumin,* isto é, sobre duas pedras talhadas em inumeráveis facetas, nas quais vê o reflexo de tudo o que ocorre nos mundos. Neste aspecto eles não são mais progressistas que os escandinavos, que fazem que Odin se sente sob um carvalho pelo qual um esquilo sobe e desce sem cessar para dizer-lhe ao ouvido tudo o que acontece no Universo.

Saltemos os detalhes das treze mechas da barba alegórica, a fim de não fatigar nossos leitores, e examinemos a conclusão que deles tirou o rabi Schimeon.

Conclusão

Relativa à figura alegórica da Macroprosopopéia

O rabi Schimeon disse então a seus companheiros: "Vossas palavras são como o bordado de um grande véu que nos permite, sem sermos cegados ou ofuscados, levantar nossos olhos até a luz eterna.

"Eu via realizar-se o trabalho enquanto faláveis; vossos pensamentos determinavam a imagem e a imagem vinha por si mesma plasmar-se sobre esta alfombra maravilhosa.

"Foi assim que Moisés fez bordar em outra época o véu do Santo Tabernáculo, pendurado sobre quatro colunas por anéis de ouro.

"O altar dos sacrifícios tinha quatro ângulos, semelhante ao quadrado que se podia traçar em todos os círculos do céu, e no meio do altar havia uma barra, terminada por um gancho, que servia para atiçar o fogo do sacrifício, porque não se pode tocar o fogo com as mãos.

"Nossas alegorias são como aquela barra que nos serve para tocar as verdades ardentes.

"Progredimos por intermédio de uma mente regulada pela lei das analogias e pela exatidão dos números. O que sabemos serve de base para aquilo que cremos. A ordem que vemos exige o que supomos nas alturas, onde nada é lançado ao azar, onde tudo se ordena de forma legítima e harmoniosa. Falais, e se desenha o quadro. Vossa voz determina as formas que aparecerão e estas se situam magnificamente como os ornatos de uma coroa.

"Comovem-se as colunas do templo; elas parecem renascer e sair da terra para escutar-nos.

"Os exércitos do céu o rodeiam e sua admirável disciplina justifica vossas palavras.

"Oh! sede felizes no mundo futuro, posto que as palavras que saem de vossa boca são reguladas de antemão pela verdade e a justiça, e seguem a linha reta, sem se torcerem, jamais, nem para a direita, nem para a esquerda.

"O Deus santíssimo que bendizeis regozija-se de ouvi-las e as escuta para cumpri-las.

"Porque no mundo do futuro todas as boas palavras proferidas neste se converterão em formas vivas. Vós sois os criadores do bem, vós que formulais pelo Verbo tudo o que é verdade.

"A verdade é um vinho delicioso que jamais se evapora. Cai sobre a terra gota a gota e, escapando-se do copo dos sábios, chega até a tumba, para umedecer os lábios dos mortos, descendo até o coração de nossos pais adormecidos e fazendo-os falar como num sonho.

"Porque a verdade sempre está viva e se apossa para sempre daqueles que a escutam comovidos.

"E quando os filhos que se acham na terra lhes rendem testemunho, os pais que nela dormem, sorriem e respondem suavemente: 'Amém!' "

A Microprosopopéia

Não conhecemos nos livros antigos nada tão grande como o sínodo dos verdadeiros iniciados, ocupados em construir através da verdade e da razão uma figura hieroglífica de Deus. Eles sabem que toda forma, para ser visível, exige uma luz e projeta uma sombra. Porém, a sombra por si mesma pode representar a inteligência suprema? Indubitavelmente, não. Não pode representar mais que o véu; a antiga Ísis estava velada. Quando Moisés falava de Deus, cobria sua cabeça com um véu. Toda a teologia dos antigos está velada por alegorias mais ou menos transparentes; a mitologia não é outra coisa. A ela sucederam os mistérios, que são o véu negro, despojado de seus bordados, determinando cada vez mais esta face de sombra adivinhada pelo grande rabi Schimeon. Porém tudo isto remonta à ficção primeira, de modo que as páginas que traduzimos, ao serem analisadas, parecem ser a origem de todos os simbolismos e o princípio de todos os dogmas.

Nada tão formoso e consolador como esta explicação dada a certas figuras da Bíblia, que representam a Deus irritado, arrependido ou variável como os homens. Schimeon Ben-Jochai nos dirá que estas contradições pertencem tão-somente à figura de sombra e que são o reflexo das paixões humanas. A figura de luz sempre está radiante e tranqüila; porém Deus, que não tem rosto, permanece imutável em torno dessa luz e dessa sombra. O homem que busca a Deus achará tão-somente o ideal do homem, pois, como pode o finito conceber o infinito?

O vulgo necessita de um Deus que se lhe assemelhe. Se o Senhor não se agasta quando pecam, crerão que o mal permanece impune e que suas ações desordenadas não terão freio. Se o Senhor não é duro, severo, misterioso, difícil de entender e contentar, deixar-se-ão levar pela indiferença e indolência. A criança indócil necessita ser castigada e o pai deve mostrar-se irritado, embora sinta vontade de rir ante as diabruras da criança.

Assim, segundo nossos mestres, a imagem da divindade possui duas faces: uma que olha os crimes do homem e se irrita, outra que contempla a eterna justiça e sorri.

O mistério da alta iniciação era conhecido também pelos gregos, que às vezes davam a Pluto os atributos de Zeus. O Egito invocava o Serápis negro e conservaram-se imagens de Baco, nas quais ao deus, cujas aventuras recordam a história de Moisés, se gritava em suas festas: "Io Evohé!" (Iod-He-Vau-He) representando as quatro letras do nome de Jehovah, com duas faces, como Jano: uma, jovem e formosa como a de Apolo; a outra, grotesca como a. de Sileno.

Apolo e Baco caracterizam os dois princípios de exaltação entre os homens: o entusiasmo e a embriaguez. As almas sublimes se embriagam de poesia e de beleza, as almas vulgares buscam o entusiasmo na vertigem provocada pelo vinho. Mas o vinho não é para o vulgo a única causa da embriaguez; os homens sem educação embebedam-se com os fumos que lhes sobem à cabeça: os desejos insaciáveis, os apetites desordenados, a vaidade, o fanatismo. Há imaginações ascéticas mais loucas e desordenadas que as das bacantes nos pretensos defensores da religião, que transformam o deleite em amargor e a predicação em sátira, condenados pela incorruptível natureza a usar máscara de sátiros. Seus lábios estão queimados pela insolência e seus olhos denunciam, apesar de sua vontade, a perversidade de sua alma.

A face de sombra descrita pelos nossos rabinos não é, porém, o Deus dos Garasse, dos Patouillet ou dos Veuillot; é o Deus velado de Moisés, o Deus posterior, se é possível chamá-lo assim, aludindo a uma citação alegórica da Bíblia. Moisés roga a Deus, a Deus invisível, que se deixe ver por ele. "Olha pela fenda da rocha, respondeu o Senhor, passarei pondo minha mão na abertura e quando tiver passado me verás por trás."

Moisés ao escrever esta página tinha consciência do simbolismo da cabeça de sombra, a única que é dado ao homem contemplar sem que seja cegado pela luz. O Deus de luz é aquele com o qual sonham os prudentes; o Deus de sombra, aquele com que sonham os insensatos. A loucura humana vê tudo pelo reverso e, se nos fosse permitido empregar a metáfora atrevida de Moisés, a face que as multidões adoram não é mais que o anverso da ficção divina, a sombra posterior de Deus. *"Videbis posteriora mea."*

Continuação do texto do Zohar

Prólogo sobre a Microprosopopéia

"Preparai-vos agora e ponde vossa atenção na descrição simbólica da Microprosopopéia, esse véu de sombra disposto e mensurado com uma forma de luz, esta ficção visível que torna visível ao nosso olhar o esplendor emanado do invisível: o véu negro no qual se destila e sobre o qual se reflete a luz do velho branco.

"Tende por guia a mansuetude e como instrumental de precisão a ordem, a justiça e a beleza.

"Dai uma forma aos pensamentos humanos que remontam ao autor invisível de todas as formas.

"E que esta forma seja a humana, pois buscamos o rei que deve reinar entre os homens.

"Que seja de forma humana, para que possamos sentá-la sobre um trono e adorá-la.

"Não diz o profeta: 'Vi um trono no céu e sobre este trono algo imenso que parecia uma figura humana?'

"Demos-lhe a figura humana, pois esta é para nós a síntese de todas as formas.

"Porque o nome de homem é para nós a síntese de todos os homens.

"A ele demos a figura humana porque esta encerra para nós todos os mistérios do mundo antigo, do mundo que foi criado antes do homem e que não pôde encontrar seu equilíbrio até o dia em que apareceu a figura de Adão."

Os reis de Edon

"Lemos no livro do Mistério: 'Antes que o Ancião dos anciães tivesse revelado suas proporções, permitiu a ação de forças gigantescas, semelhantes aos reis que, antes da vinda do povo de Deus, reinavam sobre a terra de Edon.'

"Entregou a natureza aos opostos com o que foram destruídos uns pelos outros, pois não puderam ajustar-se em proporções para formar os membros de um corpo, pois faltava-lhes uma cabeça.

"Então, esses Elohins terrestres, esses reis anárquicos do mundo foram destruídos.

"Foram destruídos, porém não aniquilados.

"Destruídos como potências desordenadas, foram conservados como potências conquistáveis.

"E sua colocação estava ordenada quando se criou a ordem na natureza.

"Por outro lado, nada se destrói, tudo se transforma e, quando os seres mudam para obedecer à ordem eterna, acontece o que entre os homens se chama morrer.

"O próprio rei do Egito não morreu; ele desceu do trono para deixar lugar para o Eterno!

"Diz-se que Adão deu nome a todos os seres, porque com a chegada de Adão se constituiu a natureza em hierarquia, e encontrando-se pela primeira vez todos os seres em seu lugar, tiveram uma razão para ser designados por um nome.

"O único monstro pré-adamita que não foi destruído foi o grande Andrógino, macho e fêmea como a palmeira.

"Ele é a força criadora que existia antes de Adão e que Deus não destruirá.

"Existia, mas não estava regulada; trabalhava, porém a lei de seu trabalho não estava determinada, enquanto não produziu sua obra-prima, a forma vivente de Adão."

O Crânio da Microprosopopéia
O ar sutil, o fogo e o rocio

"Quando a cabeça branca propôs-se a acrescentar um ornato à sua beleza, destacou um raio de sua própria luz.

"Soprou sobre aquele raio para esfriá-lo e este se tornou sólido.

"Soprou e enturgesceu-se como um crânio transparente e azulado que continha miríades de mundos.

"Esta cavidade contém o rocio eterno, branco do lado do Pai e vermelho do lado do Filho. É o rocio da luz e da vida, o rocio que fecunda o Universo e que ressuscita os mortos.

"Uns ressuscitam na luz, outros no fogo.

"Uns, na eterna brancura da paz; outros, no vermelho do fogo e nos tormentos da guerra.

"Os perversos são, de certo modo, os que fazem enrubescer de vergonha a face do Pai.

"No crânio do homem universal, Filho único de Deus, reside a ciência, com seus trinta e dois caminhos e suas cinqüenta portas."

Os cabelos da Microprosopopéia

"Os cabelos representam os pensamentos, porque se irradiam em torno da cabeça.

"Há, em torno da cabeça da Microprosopopéia, miríades de miríades e milhões de milhões de cabelos negros, crespos e entrelaçados.

"Ali se encontram misturados, em proporção adequada, a luz e a sombra, o verdadeiro e o falso, o justo e o injusto. No meio do cabelo há uma linha, reta e pura, que corresponde à da cabeça branca.

"Porque o equilíbrio é o mesmo e, para Deus, o mesmo que para o homem, as leis que regem a balança são idênticas no céu e na terra.

"Entre os pensamentos do homem, uns são duros e desapiedados e outros são doces e flexíveis.

"A mesma balança os pesa e corrige os rigores da esquerda com a misericórdia da direita."

A fronte da Microprosopopéia

(Os olhos e sua cor)

"Quando a fronte de luz irradia, a fronte de sombra banha-se em seu brilho.

"Quando a cólera carrega de sombras a fronte do Deus dos homens, os cabelos negros e crespos se eriçam e um sopro de cólera os faz silvar como as serpentes.

"As preces da ignorância se elevam como um fumo negro e tornam ainda mais tenebrosa a fronte do ídolo.

"Ele surge da sombra e sobe diretamente à luz.

"Então se inclina a cabeça celeste e a fronte tenebrosa, que está embaixo, se enche de esplendor.

"Cessa a cólera, aplaca-se a tempestade e a vingança se converte em perdão."

Os olhos

"Têm sobrancelhas negras e espessas. Em torno de seus olhos se eriçam as pestanas, que têm a cor das trevas.

"Quando suas pálpebras sombrias se elevam, Ele parece despertar. Seus olhos se iluminam com um reflexo de luz suprema, semelhante ao olhar de Deus.

"A Ele é que se dirige o Profeta quando diz: 'Desperta, Senhor! Por que dormes tanto tempo? Não é hora de sacudir, finalmente, teu sono?'

"É que durante o sono de Deus de sombra as nações estrangeiras exercem seu domínio sobre Israel.

"O Deus do homem dormita, quando a fé adormece no homem.

"Porém, quando Deus desperta, circunvaga a vista e, olhando de través às nações que nos oprimem, destrói-as com seus raios.

"Quando seus olhos estão abertos, são doces como os olhos das pombas, e neles se encontram as cores primitivas: o branco, o negro, o amarelo e o vermelho.

"O negro dos olhos da Microprosopopéia assemelha-se àquela pedra que sai do abismo do grande mar, uma vez cada mil anos.

"E quando aparece esta grande pedra, forma-se uma grande tempestade, encrespam-se as águas e o ruído que produzem é ouvido pela serpente imensa que se chama *Leviatã.*

"Esta pedra emerge do abismo profundo, roda no torvelinho marítimo, sai para o exterior e então se produz uma negrura, ante a qual se desfazem os demais negrores.

"Os iniciados sabem que nesta negrura ocultam-se todos os mistérios da ciência.

"Tal é o negror do olho do Ancião que encerra e sobrepuja todas as obscuridades, até as mais profundas.

"Sua brancura é a que lhe é dada pelo olhar supremo; é o leite da misericórdia que cai sobre Ele, gota a gota, como se fossem lágrimas.

"Seu vermelho é o fogo que destrói e renova a vida.

"Seu olhar de bondade é fulvo e resplandecente como o ouro. Quando se irrita ou quando ameaça, tremulam duas lágrimas em seus olhos.

"Seu raio brilha e irrompe, sua ira aprofunda-se no abismo; seu fogo acende-se para devorar suas vítimas.

"As potências da terra são vencidas; os cedros são torcidos como talos de erva; a cova fica plena, o Deus de sombra se apazigua e sobre as lágrimas suspensas brilha um raio de luz emanado da claridade de um Deus de amor.

"A pupila se fecha, as lágrimas brotam e, ao fazerem-no, extinguem o fogo do inferno eterno."

O Nariz e a Barba

Análise

Schimeon Ben-Jochai continuou explicando o livro do Mistério e descreveu a anatomia do Deus negro. Este Deus não é nem o Arimã dos persas nem o princípio maniqueísta do mal: é uma concepção mais elevada; é uma penumbra que medeia entre a luz infinita e os débeis olhares do homem; é um véu feito à semelhança da humanidade, na qual Deus se digna velar sua glória. Nesta sombra encontra-se a razão de todos os mistérios. É ela que explica o Deus terrível dos profetas, o Deus que ameaça e se faz temer. É o Deus dos sacerdotes, o Deus que pede sacrifícios, o Deus que adormece e desperta com o toque das trombetas do templo; o Deus que se arrepende de haver criado o homem e que, vencido por preces e oferendas, aplaca-se no momento de castigar.

É preciso observar que tal concepção obscura da divindade, longe de parecer falsa aos grandes rabinos reveladores do mistério, é tida por muito legítima e necessária.

O santuário antigo estava velado e, quando o véu se rompia, anunciava o fim de uma religião e de um mundo. O véu não se rompe sem que a terra trema, como aconteceu na morte de Cristo; porém, um santuário sem véu é um santuário profanado. Prontamente Calígula levará a ele seus ídolos, aguardando as tochas lançadas pelos soldados de Tito. Uma voz exclama: "Os deuses se vão." Enquanto isso o cristianismo, em silêncio, prepara outro Santuário e tece um véu novo.

É necessário que as cabeças hieroglíficas dos dois anciães sejam representadas de forma concêntrica e superpostas; que uma seja o duplo da outra, porém de modo invertido: o que está em branco numa delas estará em preto na outra e vice-versa.

Os grandes rabinos referem-se minuciosamente aos detalhes destas duas cabeças, enumerando-lhes as mechas dos cabelos e as divisões da barba; descrevendo o nariz de cada uma e os sopros contrários que escapam das quatro narinas. O nariz largo e majestoso do Pai supremo respira a vida divina e eterna; o nariz curto do Deus irascível respira fumo e fogo; é o vulcão da vida terrena, e é assim que os grandes rabinos parecem entender o fogo eterno do inferno, isto é, a ficção inferior.

Este fogo, dizem, não pode ser extinto a não ser pelo fogo do altar e este fumo não pode dissipar-se senão pelo fumo do sacrifício. Representa-se a este Deus negro, de nariz fumegante, com dois orifícios que são as portas chamejantes do inferno. Nesta descrição o Deus negro assemelha-se ao nosso diabo, devendo-se a esta ficção dos rabinos o Arimã dos persas, o Deus mau dos maniqueístas e o diabo dos cristãos, todos da mesma origem.

É um símbolo desfigurado; conseqüentemente não é a sombra de Deus, mas, por assim dizer, a caricatura da sombra.

Este abuso, criando pela ignorância uma imagem atrevida, prova a necessidade do ocultismo e justifica os rabinos que rodeavam de tanto mistério os segredos da *Kabballah*.

Após haver descrito o nariz, o rabino passa a falar das orelhas do Deus negro. Estão cobertas de pêlos crespos, porque no homem de quem o Deus negro é imagem, ofusca-se o entendimento pela desordem de seus pensamentos. Quando o Deus vulgar dormita, seus ouvidos não ouvem e o mal invade o mundo. O mal que ofende e irrita o Deus de sombra não existe para o Deus de luz. Referida à ordem absoluta, a desordem não existe.

Quando o Deus dos homens desperta, sacode sua cabeleira e o céu treme. Então seus ouvidos se descobrem e dão acesso às preces. Estes são os dias de vitória para Israel; então triunfa de Amã e detém os inimigos.

Das orelhas, o rabi Schimeon passa à barba e descreve os cachos separados; encontra nove mechas e não treze, como a barba branca do ancião supremo, porque o Verbo negativo do Deus de sombra não poderia explicar o quaternário divino. O ternário multiplicado por si mesmo dá nove, que é o número de qualquer hierarquia e classificação no método cabalístico. Há nove coros de anjos e nove classes de demônios. O número nove tem, pois, seu lado luminoso e seu lado obscuro; porém o quaternário tetragramático constitui o número perfeito que não admite negação. A negação do quaternário seria a ficção monstruosa do mal absoluto. Seria o Satã dos demonologistas, monstro impossível e desconhecido dos antigos mestres, os grandes cabalistas hebreus.

As nove mechas da barba representam o Verbo negativo. São as sombras das grandes luzes.

As grandes luzes são as nove concepções divinas que precedem à idéia da criação.

Primeira luz

A coroa ou poder supremo

Sombra desta luz

O despotismo ou o poder absoluto

Segunda luz

A sabedoria eterna

Sombra desta luz

A fé cega

Terceira luz

A inteligência ativa

Sombra desta luz

O dogma que se pretende imutável e que é fatalmente progressivo

Quarta luz

A beleza espiritual

Sombra desta luz

A fé cega

Quinta luz

A justiça eterna

Sombra desta luz
A vingança divina
Sexta luz
A misericórdia infinita
Sombra desta luz
O sacrifício voluntário
Sétima luz
A vitória eterna do bem
Sombra desta luz
Abnegação e austeridade voluntária
Oitava luz
Eternidade do bem
Sombra desta luz
Inferno eterno
Nona luz
Fecundidade do bem
Sombra desta luz
Celibato e esterilidade

Aqui se detêm forçosamente os números negros, porque o número dez é o da criação e a criação não pode ser negativa. O celibato e a esterilidade nada produzem.

O celibato foi sempre o sonho do misticismo, mesmo no judaísmo que condena de modo formal a esterilidade.

O ascetismo é, com efeito, incompatível com os deveres da família; os profetas errantes não tinham mulheres; a família é o mundo e o misticismo é o deserto.

A família é a vida real e o misticismo é o sonho.

A família exige a propriedade e o misticismo a abnegação e o desprendimento voluntário.

O misticismo é o sentimento religioso levado até a loucura. Por isso, deve ser regulado e temperado pela autoridade sacerdotal; os místicos são meninos que têm como sacerdotes seus pedagogos e tutores. Falamos aqui dos mistérios ortodoxos que escapam à vertigem da loucura graças ao freio da obediência. Os místicos insubmissos são loucos que podem chegar a se enfurecer e aos quais seria prudente tornar reclusos.

A Microprosopopéia considerada como andrógino

Eis aqui o que aprendemos, disse o rabi Schimeon: "Estas disposições e os mistérios do Verbo devem ser revelados somente aos que podem suster-se em equilíbrio sobre os pés apoiados nos pratos da balança. Não podem ser comunicados aos que não penetraram na cripta das grandes provas, mas apenas aos que aí entraram e saíram dela.

"Para o que entra e não sai seria melhor não ter sido criado."

Comentário: Vemos aqui claramente que o dogma professado pelo rabi Schimeon, o dogma oculto de Moisés, procede dos santuários do Egito. Ali, com efeito, passava-se por grandes provas antes de ser admitido à iniciação. Tais provas ocorriam em subterrâneos imensos, dos quais não saíam jamais os que tinham cedido ao temor. O adepto que saía vitorioso recebia a chave de todos os mistérios religiosos, e a primeira e grande revelação que se lhe comunicava ao ouvido, passando perto dele, estava contida nesta fórmula: *Osíris é um Deus negro.*

Isto é: o deus que os profanos adoram é tão-somente a sombra do verdadeiro Deus.

Atribuímos-lhe as cóleras do homem para que seja temido pelos homens.

Porque se não se apresenta aos homens um mestre que seja semelhante a eles, a idéia da divindade sobrepujará de tal modo sua débil inteligência que lhes escapará completamente e eles cairão no ateísmo.

Quando um homem praticou o mal, cai na desordem e se coloca contra a lei mantenedora de sua felicidade. Sente-se então desgraçado e descontente consigo mesmo. Para explicar o ressentimento de sua consciência intranqüila, diz que Deus está irritado com ele. Então é preciso que abrande a Deus com expiações, que, semelhantes aos castigos infligidos às crianças teimosas e indóceis, imprimirão em sua memória o horror ao mal. É preciso antes de tudo que entre no caminho do bem e, então, na calma que experimenta, sente que Deus o perdoou. Deus não perdoa, posto que não se irrita jamais; porém, se dizeis ao homem vulgar que o juiz supremo está no fundo da sua consciência, acreditará que Deus não é mais do que uma palavra e chegará a discutir facilmente com a consciência, atribuindo os escrúpulos ou remorsos aos preconceitos da educação, chegando a não ter por guia nada mais que o interesse de suas paixões que são as emissárias da morte.

Continuação do texto

Eis aqui o resumo de todas estas palavras:

"O Ancião dos anciães está na Microprosopopéia; a luz está oculta na sombra; o grande está representado pelo pequeno; tudo está na unidade suprema; tudo esteve, tudo está e tudo estará nela. Não mudará, não muda, não mudou. Não tem forma, porém se adapta à nossa; toma para nós a forma que contém todas as formas e o nome que abarca todos os nomes.

"Esta forma, sob a qual se apresenta ao nosso pensamento, não é na realidade a sua, é a analogia de uma forma. É uma cabeça fictícia à qual adaptamos diademas e coroas.

"A forma do homem resume todas as formas, das coisas superiores bem como das inferiores.

"E já que esta forma resume e representa tudo o que é, servimo-nos dela para representar Deus sob a figura do velho supremo. Desse modo, de conformidade com esta figura, que é sua sombra, imaginamos a Microprosopopéia.

"E se me perguntais que diferença há entre os dois velhos, responderei que ambos representam um mesmo e único pensamento.

"São os dois lados de uma imagem: voltada para o céu, a imagem é serena e esplêndida; voltada para a ignorância e os vícios do homem ela aparece ameaçadora e tenebrosa.

"Assim, o Senhor, quando da saída do Egito, marchava à frente de Israel em uma nuvem: luminosa do lado de Israel e tenebrosa do lado dos egípcios.

"A luz e a sombra não se opõem uma à outra?

"Parecem tão irreconciliáveis que, quando uma é visível, a outra encontra-se eclipsada.

"Concordam, portanto, de maneira admirável e é sua harmonia que torna visíveis todas as formas.

"Porém estes arcanos são acessíveis tão-somente aos segadores do campo sagrado.

"Está escrito: 'O mistério do Senhor pertence aos que O temem'."

Comentário: Aqui, o rabi Schimeon esforça-se por explicar os mistérios do Gênese, nos quais Deus está representado na forma humana criando Adão à sua imagem e semelhança. Esta forma humana atribuída a Deus é a prototípica do grande Adão, isto é, da humanidade implícita no Verbo de Deus.

Além disso, pelo grande Adão, chamado Adão ou Adão Kadmon Protoplasto, os iniciados judeus não entendem o primeiro indivíduo humano; não admitem a existência deste primeiro indivíduo e fazem aparecer a raça humana simultaneamente em toda a superfície da Terra.

O grande Adão é para eles a humanidade primitiva e ainda algo mais que a humanidade porque o corpo de Adão encerra todos os seres e espíritos do Universo; também lhe atribuem as proporções mais gigantescas. Sua fronte toca o zênite, sua mão direita chega ao Oriente e a esquerda ao Ocidente. Quando levanta o pé para iniciar a marcha, a sombra do calcanhar dele provoca um eclipse do Sol. É andrógino e tem duas faces: a face masculina na frente e a feminina atrás. Cada face é também andrógina, isto é, masculina na direita e feminina na esquerda. O protótipo do grande Adão que está na Microprosopopéia é igualmente andrógino à frente, atrás, à direita e à esquerda, em cima e embaixo; o que mostra o equilíbrio universal e a balança das forças, ora ativas, ora passivas no conjunto da natureza.

Algumas figuras farão que se compreenda melhor o simbolismo, podendo oferecer aqui algumas daquelas que os iniciados nas ciências ocultas chamam pantáculos, isto é, símbolos universais.

Não acompanhamos o rabi Schimeon nas descrições que faz do andrógino divino, contido no protótipo, que é o velho negro ou o Deus de sombra. São ficções de anatomia monstruosa que recordam os estranhos acoplamentos de certos deuses híbridos da Índia. Um grandioso pensamento preside, indubitavelmente, todos estes sonhos, porém sua expressão sai dos nossos usos e costumes. Basta dizer que o rabino representa os pares típicos (o da Microprosopopéia e a natureza, sua mulher; e a de Adão e sua Eva) no ato de uma eterna cópula, explicando seus ardores e desfalecimentos amorosos, convertendo deste modo a imensidade num enorme leito nupcial que não possui nem alcova nem cobertas nem cortinas.

Sobre a Justiça
Segundo o texto do rabi Schimeon

"A mulher não possui a força e a justiça, devendo recebê-las do homem.

"Aspira a isso com sede indizível, porém só pode recebê-las quando está submetida.

"Quando domina, só pode gerar a revolta e a violência. Por isso a mulher fez-se dona do homem induzindo-o ao pecado. Chegou a ser mãe pela incontinência dos seus desejos e gerou Caim.

"Depois disse: 'Deus e eu criamos o homem e este homem é propriedade minha.'

"Ainda não estava pronta para a maternidade verdadeira porque a serpente a contaminara com sua inveja e sua cólera.

"O nascimento do cruel e impiedoso Caim foi violento e terrível, pois esgotou todas as energias da mulher.

"Então se debilitou para engendrar o afável Abel.

"Estas duas gerações antagônicas não puderam harmonizar-se: o forte deve absorver o fraco, isto de modo indefectível, e foi o que sucedeu.

"Então o Deus de sombra despertou e arrancou do ventre de Caim seu irmão, a quem havia devorado.

"Porém nem Caim nem Abel foram considerados bastante justos para permanecer diante dele.

"Arrojou Abel aos limbos da vida e precipitou Caim no grande oceano das aflições.

"Intentam todavia combater-se, ali, e engendram cada um por seu lado um espírito de debilidade e de violência.

Felizes as almas que descendem em linha reta do grande Adão! Porque os filhos do inútil Abel e os do criminoso Caim são injustos e pecadores.

"A verdadeira justiça une a bondade à força e não é nem violenta nem débil.

"Ditosos vós que compreendeis estas palavras, as palavras que reúnem a esquerda à direita e que combinam as coisas superiores com as inferiores.

"Ditosos mestres dos mestres, segadores da santa campina, que contemplais e reconheceis o Senhor, mirando-o face a face, e que, pela vossa união com o Verbo eterno, vos tornais dignos da imortalidade no mundo futuro.

"Acerca de vós é que se escreveu: 'Saberás, desde agora, que o Senhor reina ao mesmo tempo no mais alto dos céus e no mais profundo da terra.'

"O Senhor, o Ancião dos dias, Deus, reina em todos os lugares, quer dizer, o único, o só! Que seu nome seja bendito neste século e pelos séculos dos séculos!"

Palavras finais acerca do Homem Supremo

O rabi Schimeon disse: "Olhando para baixo vemos as coisas do alto e observando as coisas do alto vemos as que estão embaixo.

Os dez dedos de nossas mãos nos recordam as dez coroas da ciência, os números sagrados e seu equilíbrio, cinco de um lado e cinco do outro.

O mesmo acontece com os dedos dos pés: o que está em cima é como o que está embaixo.

As formas superiores governam as inferiores; o de cima é como o de baixo; a mulher é semelhante ao homem.

Os contrários governam os contrários; os extremos se tocam, se ligam e reagem uns sobre os outros.

O homem e a mulher reunidos constituem o corpo perfeito da humanidade.

Um é a conseqüência do outro; ambos se necessitam, agem e reagem mutuamente.

A vida que os anima é a mesma: assim, o sangue impelido pela anastomose das veias chega igualmente à esquerda e à direita em todo o corpo.

Todos os vasos do corpo regam-se mutuamente, todos os nervos intercomunicam o fluido luminoso e a sensibilidade.

Como os mundos no espaço, eles irradiam mutuamente a luz de seus sóis.

Tudo o que está fora desta vida mútua e universal do grande corpo é imundo. Não vos aproximeis dos espíritos que estão fora da grande comunhão, porque não recebereis mais que manchas.

Os espíritos errantes são como cabeças cortadas que sempre têm sede, porém a água que bebem se esvai com seu sangue e não os sacia.

Se é assim, perguntareis: — Os mesmos anjos fazem parte do grande corpo da Sinagoga?

— Como podeis duvidar?

De outra forma não terão parte na santidade nem na vida.

Porque a Sinagoga dos sábios é o corpo da humanidade, é o corpo de Deus.

O anjo do Senhor, na profecia de Daniel, não se chama Gabriel? E o que quer dizer Gabriel, senão o homem por excelência, o homem de Deus ou o Homem-Deus?

A tradição nos ensina que os espíritos imundos não podem se revestir da beleza das formas humanas, porque não entraram na harmonia do corpo perfeito.

Estão errantes e dão voltas pelo mundo, sem poder estabilizar-se em forma alguma.

Portanto, sentem-se rechaçados, porque levam em si a insubmissão de Caim e são atirados fora do campo, cujas tendas resplandecentes são as estrelas.

Jamais se fixam na verdade; por vezes querem se elevar, outras baixar, mas, se se elevam ou se baixam, são sempre imundos.

Os espíritos impuros que provêm de Hebel (Abel), por serem mais amorosos, podem ligar-se aparentemente ao grande corpo.

Porém, são como membros artificiais: permanecem unidos ao corpo, todavia carecem dele.

Estes espíritos são como abortos ou membros cortados, caindo no espaço; ouvem o mesmo no alto ou em baixo (quando podem fazê-lo), porém jamais compreendem algo, tal como afirmam aqueles que se ocuparam do assunto.

N. do T. — O grande mestre de cabala parece admitir a existência dos espíritos errantes disseminados pela atmosfera, espíritos indecisos que não têm forma definida, espécies de larvas impuras que o centro da vida rechaça para as trevas exteriores. Outros cabalistas, apoiados numa palavra de Jesus Cristo, dão a entender que essas trevas exteriores são a *geena* ou o *inferno,* porém que as almas não podem se deter ali. Nas trevas, as almas impuras se dissecam, consomem-se e, reduzidas depois de um longo tempo de sofrimento mais ou menos intenso à sensatez primitiva de seu princípio vital, perdem a memória e são atraídas novamente à vida (Vide *Pneumatica Kabbalistica* e o livro de Isaac de Soria *De revolutionibus animarum*).

Eis aqui a tradição sobre o mistério do livro. Quando o protótipo conjugal se equilibrou através da pacificação do Deus de sombra, o casal adâmico aproximou-se pela terceira vez.

E o resultado foi uma geração equilibrada. E então se estabeleceu a harmonia entre o céu e a terra.

O mundo superior fecundou o mundo inferior, porque o homem, mediador entre o pensamento e a forma, havia enfim encontrado a harmonia.

Então houve a glória divina de cima e a glória divina de baixo, a *schekinah* do céu e a *schekinah* da terra.

Santo é o Senhor dos pensamentos do céu; santo nas formas da terra; santo é o Senhor, cujo pensamento se divulga em idéias sob as formas e remonta das formas ao pensamento!

Santo, Santo é o Senhor, o Deus das falanges, o Deus dos seres coordenados e comandados entre si como exércitos!

Eis aqui uma de nossas tradições.

Há compensações entre os seres. Está escrito no Cântico dos Cânticos: "Faremos colares de ouro com incrustrações de prata." É desta forma que a misericórdia se une à justiça para embelezá-la.

São como as palmeiras que crescem aos pares, de modo que o irmão não se desenvolve jamais sem a irmã.

Também sabemos que o homem que se separa da humanidade, recusando amor a uma companheira, não encontrará lugar depois da morte na grande síntese humana, mas permanecerá fora, estranho às leis da atração e às transformações da vida.

E a natureza, envergonhada dele, fará que ele desapareça, da mesma forma que nos apressamos em fazer desaparecer os cadáveres.

Por que a lei nos obriga a retirar o cadáver da casa que foi sua morada?

É por respeito à forma humana que, embora inútil, não deve ser envilecida.

É para impedir que aquilo que fora uma pessoa se transforme em algo sem uso nem nome.

É para distinguir o corpo venerável do homem, da corrupção do animal.

Quando se trata do homem, não se deve permitir que a morte se afirme. O homem é a medida do espírito imortal.

Um corpo humano sem alma é como uma lacuna na natureza, portanto, o cadáver é respeitável por causa de sua figura humana.

É preciso apressar-se em pôr fim a este contra-senso e, por isso, amortalhamos nossos defuntos antes da noite que segue a sua morte.

Os homens que renunciam à humanidade com a esperança de conquistar o céu são como anões que quiseram desobedecer aos gigantes e cometer um crime contrário.

Porque está escrito: "Os filhos de Deus, após terem visto as filhas dos homens e comprovado que eram formosas, inclinaram-se demasiadamente para contemplá-las e foram lançados ao abismo."

Ali engendraram espíritos impuros e demônios e aquele foi um tempo de gigantes na terra.

Sua queda, contrária à ordem da natureza e, conseqüentemente, imprevista do supremo ordenador das coisas, explica o arrependimento ou o pesar de Deus, quando se diz que o Senhor se arrependeu de haver criado o homem.

E o texto acrescenta: "Sobre a terra", porque o plano divino permanecia intacto no céu. O homem do céu não havia pecado. Porém o anjo, ao cair, rompera o equilíbrio da terra, e Deus foi obrigado a criar o que desejava.

Porque o equilíbrio do homem é também o da natureza e, sem o homem, o mundo não existiria.

Porque o homem é o receptáculo do pensamento divino que cria e conserva o mundo; o homem é a razão de ser da terra; tudo quanto existiu antes dele foi trabalho preparatório para o seu nascimento e sem o concurso dele a criação inteira teria sido um aborto.

Assim foi que o profeta viu os anjos levantarem um trono no céu, sobre o qual se erigira uma imagem semelhante à do homem.

E Daniel disse que via uma espécie de filho do homem que subia lentamente até o Ancião dos dias.

E uma vez perto dele lhe mostrava a face do Senhor.

Conclusão

Até aqui nossas palavras têm sido misteriosas e ocultam um sentido elevado que escapa ao alcance do vulgo. Feliz aquele que sabe compreendê-las e as explica sem enganar-se!

Porque estas palavras foram dadas somente para os mestres e os segadores do campo sagrado, para aqueles que entraram na prova e saíram dela.

Está escrito: "As vias do Senhor são retas e os justos caminham por elas sem se deter, porém os transgressores da lei sempre acharão pedras e escolhos."

Tendo dito todas estas coisas, chorou o rabi Schimeon e elevando a voz exclamou: "Se algum de vós, ó meus irmãos, tiver que revelar aos profanos as coisas que acabamos de dizer, que Deus se apodere deles e oculte-os em sua glória!

Porque tem mais valia que saiamos do mundo, que revelar aos filhos dele os mais sublimes mistérios do céu.

Revelei-os a vós somente, na presença do Ancião dos anciães; não o fiz por minha glória, nem pela glória da casa de meu Pai, nem para orgulhar meus irmãos que estão aqui congregados.

Mas somente para evitar que errem nas vias da grande sabedoria, para que possam apresentar-se sem rubor à porta de seu palácio e para que não sejam riscados, como uma letra mal escrita, do livro da vida.

Portanto, eis aqui o que aprendemos.

Antes que os rabinos reunidos na casa da mó tivessem saído ao campo, três deles morreram subitamente.

Foram estes: rabi José, rabi Thiskia e rabi Jesa.

Seus companheiros viram-nos elevar-se, levados pelos santos anjos, além do véu estendido sobre suas cabeças.

O rabi Schimeon proferiu então uma palavra e se prosternou.

Depois exalou um grande grito dizendo: "Que é isto, Deus nos perdoe? Um decreto de morte foi pronunciado contra nós por havermos revelado mistérios desconhecidos de todos os homens, desde o dia em que Moisés, olhando face a face a divina visão, esteve de pé no Sinai?

"Se devemos ser castigados por isso, como é que a morte não começou por mim?"

E ouviu uma voz que dizia:

"Bem-aventurado, rabi Schimeon, e bem-aventurado teu patrimônio, bem como o de teus companheiros que estão contigo. Acaba de vos ser revelado o que o Senhor não revela a toda a família do céu.

"Vinde e olhai!

"Está escrito: 'Esta doutrina será o patrimônio do filho maior e ao filho mais jovem serão fechadas as portas.'

"Os que acabam de morrer não eram suficientemente fortes para levar tanta ciência pela Terra.

"Deixaram que as almas se entusiasmassem e foram arrebatados por seu êxtase.

"Os santos anjos colheram-nos e levaram-nos acima do véu."

O rabi Schimeon respondeu: "São felizes!"

Retomou a voz: "Ide agora, vós que restais, porque o Senhor tornou-vos fortes contra a terra e contra o céu. Estais em perfeito equilíbrio e portanto vivereis."

Levantaram-se e a cada passo que davam suaves perfumes surgiam da terra.

E o rabi Schimeon acrescentou: "Vejo agora que a terra será bendita por nossa causa."

E seus rostos estavam tão radiosos que ninguém poderia suster-lhes o olhar.

Assim, soubemos que dez haviam entrado no arco ou círculo e que dele não haviam saído mais que sete.

O rabi Schimeon estava cheio de alegria, porém o rabi Abba experimentava grande tristeza pelos que já não viviam.

Porém, um dia em que estavam os sete sentados em torno do mestre, o rabi Schimeon proferiu uma palavra misteriosa.

E viram então os três que haviam sido arrebatados. Anjos de elevada dignidade serviam-nos, abrindo para eles portas douradas e mostrando-lhes os tesouros que lhes haviam sido destinados.

Então a alma do rabi Abba se aplacou.

Os sete mestres, a seguir, não abandonaram a morada do rabi Schimeon.

E o rabi Schimeon dizia: "Somos os olhos do Senhor."

O rabi Abba respondeu: "Somos seis lâmpadas que devem sua luz à sétima e a sétima és tu."

E o rabi Jehuda chamava-o o Grande Sabbath da semana dos mistérios.

Um dia lhes apareceu Elias com sua roupa de pele e a face com o triplo raio de luz.

E o rabi Schimeon lhe disse: "Não estavas conosco na arca quando explicamos as palavras da ciência?"

Elias respondeu: "Quis transladar-me, porém os anjos me negaram suas asas, porque eu tinha outra missão a cumprir. Naquele dia fui consolar e libertar vossos irmãos que estão no cativeiro. Espargi sobre as cadeias um bálsamo que deverá rompê-las um dia. Porque os justos devem estar agrilhoados somente com coroas enlaçadas umas às outras.

"Assim se encadeiam os dias de provação com os de glória e, após a semana de trabalho, virá a do repouso.

"Então toda cadeia se prostrará ante o trono do Senhor. Quando, porém, forem salvos os últimos do povo, quão grande não será a glória dos justos!

"Os povos serão sua coroa e se unirão nas festas do Senhor que resplandecem no ano em meio à coroa dos outros dias.

"Um triplo banquete espera os justos nas solenidades do Grande Sabbath *(Sábado)* do porvir.

"Está escrito: 'Chamarás ao sábado as delícias dos justos e o comprarás ao santo do Senhor.'

"Logo, qual é por excelência o santo do Senhor?

"É o rabi Schimeon Ben Jochai, que é glorioso no mundo e que será mais glorioso ainda no mundo futuro."

Aqui termina o santo livro do Grande Sínodo.

Segunda Parte

A GLÓRIA CRISTÃ

A glória cristã é o triunfo da inteligência sobre a besta; da verdade sobre a mentira; da luz sobre a sombra; da humanidade sobre o diabo.

Deus fez-se homem para impedir que o diabo se fizesse Deus.

Que é o diabo? É a besta, é a sombra, é a mentira. Por que existe? Porque a sombra é necessária como *substractum* da luz; porque o mal é o fundamento do bem.

Assim se explicam as sombras dos antigos santuários, assim se explicam também as obscuridades da Bíblia. É preciso uma sombra para servir de propulsora à luz. É preciso, para a multidão grosseira, que exista uma divindade terrível que afugente as paixões humanas com suas cóleras e vinganças. O Deus exterminador, o Deus dos castigos, o Deus de sombra, o Deus feito à imagem do homem, é totalmente inverso ao Deus dos sábios. A face negra é como uma máscara que disfarça o rosto sereno do Pai eterno de todos os seres, para amedrontar as crianças indóceis.

Esta doutrina deveria ser mantida em segredo porque não poderia ser compreendida a não ser pelas inteligências mais elevadas.

Desgraçadamente, transcendeu e aconteceu o que se temia: as inteligências limitadas não compreendem o Deus fictício de duas faces tão diferentes, e a face de um dualismo absurdo introduz-se no espírito de alguns sectários. Daqui nasceram os dogmas do falso Zoroastro, a face de luz foi Ormuzd e a face de sombra chegou a ser a cabeça fatal do sombrio Ahriman. Naquele dia foi criado o diabo.

Observamos que a Bíblia atribui a Deus as obras que imputamos ao usurpador do reino infernal. É Deus que endurece o coração do Faraó, a fim de castigá-lo, bem como a seu povo, com aflições espantosas, e quem impele finalmente à impenitência póstera. É Deus que envia um de seus anjos ou mensageiros para extraviar o espírito de Achab e precipitá-lo numa guerra funesta. "Como te apoderarás dele?" pergunta a este espírito. E o anjo lhe responde: "Serei um espírito de mentira na boca de falsos profetas." "Vai", responde-lhe o Senhor, "e que sejas vitorioso".

Nesta época não se imaginava uma divisão do reino de Deus e que este se reservava o reino da luz para deixar seu inimigo reinar na sombra. O Deus do mal ainda não fora inventado.

Sendo o mal a negação do bem, não saberia ter nenhum poder, porque a negação do bem implica a negação da verdade que alcança o ser até as raízes. Que vitórias poderá alcançar um general que sempre se engana? A existência do diabo é uma mentira radical. Seu gênio, uma imensa loucura. Lutar eternamente contra Deus, que quimera! Para que isto fosse possível seria necessário que Satã criasse para si um deus feito à própria imagem. Não compreende sequer o que a criança mais ingênua pode compreender. Espírito de cegueira, é a cegueira personificada. Estranho poder, como o de um monarca num reino de trevas! Todos os pensamentos dele devem ser falsos; todos os esforços devem cair na vacuidade, os loucos de Bedlam teriam direito de mofar dele.

Afirmar-se-á, porém, que existem homens perversos, no mundo, que negam a existência de Deus, ou, o que ainda é mais terrível, que crêem n'Ele e que blasfemam contra Ele. Estes homens mentirosos exercem uma influência fatal sobre os demais. Possuem o gênio da destruição, triunfam, seduzem, devoram e a Providência deixa-os agir. Sua existência e triunfos passageiros corroboram o reinado transitório de Satã. Quando conseguem caluniar e oprimir o justo, pode-se dizer, sem blasfemar, que devem a Deus sua vitória? Porém, se não é Deus que os dota da força para fazer o mal, existe, portanto, uma sombria providência das trevas, um poder maldito que Deus deve vencer algum dia, porém que, no tempo de nossa provação, se eleva contra Deus, enquanto nós damos a ele a cumplicidade de nossos corações.

Existe de fato um poder que faz, até certo ponto, todo o mal possível; mas este poder não é amaldiçoado por Deus (doutro modo não existiria): é o que Deus dá a toda criatura inteligente para que ela possa escolher entre os baixos instintos de uma natureza limitada ou presa às necessidades terrenas. Ninguém pode amar o mal pelo mal; encontramos na origem de todos os vícios a ignorância e o erro. Quando se faz o mal é para realizar um bem. O atrativo da desobediência é o amor à liberdade.

A liberdade! Eis aqui o poder que explica o mal e o torna necessário.

Liberdade, que poderia chamar-se a divindade do homem, é o mais belo, o mais soberbo e irrevogável dos dons do Criador. A liberdade não pode ser violentada por Deus sem que este negue a si mesmo. É preciso conquistar a liberdade com luta, quando não a possuímos como suprema autocracia. A liberdade é uma vitória e conseqüentemente precisa do combate.

O atrativo fatal contra o qual se luta não é um mal; ele é necessário; é força cega que deve ser submetida à força que procede de Deus, e que Deus mesmo nos dá como um reino ou suplício (atividade motriz da qual é mister que nos apoderemos para dirigi-la, sob pena de sermos pulverizados por ela, moinho em que seremos grão, se não desejarmos ter valor e habilidade para sermos proprietários e moleiros).

Teólogos do demônio, supondes que Satã é livre? Se ele é, ainda pode voltar ao bem; se não for, não será responsável por seus atos, mas apenas instrumento de alguém mais forte que ele, um escravo da justiça divina; fará tudo o que Deus quiser. Deus, para prová-lo, faz que ele tente e torture suas débeis criaturas. Então, Satã não é o monarca das trevas: é o agente da luz velada. Logo, é útil a Deus; executa as obras de Deus; Deus não o arrojou longe, posto que o mantém sob sua mão. Assim, aquele que é reprovado por Deus, por ele é rechaçado para sempre. O agente de Deus é o representante de Deus e, segundo as leis da boa política, o representante de Deus é o próprio Deus.

Que é pois, em última análise, o diabo? O diabo é Deus fazendo o mal. Definição tão rigorosa quanto revolucionária, porque afirma o impossível. Digamos melhor: o diabo é a negação do que Deus afirma. Bem, Deus afirma o ser, o diabo afirma o nada. Porém o nada não pode afirmar nem ser afirmado, pois é apenas uma negação, de modo que, se a definição última de Deus, segundo a Bíblia, é esta: "O que é", a definição de diabo deve ser necessariamente: "O que não é."

Dissemos bastante contra o ídolo negro, contra o falso deus dos persas e dos maniqueus, contra o Satã colossal e quase onipotente com que ainda sonha a superstição. Resta examinar o Satã, Chefe dos *Egregores,* o anjo caído que guarda um resto de liberdade, uma vez que, como seu juízo definitivo ainda não foi pronunciado, disso se aproveita para arrastar os débeis, como se esperasse diminuir seu pecado pelo número de cúmplices.

Não encontramos nada no Gênese nem em toda a Bíblia que faça alusão a pecado e queda dos anjos; para encontrar referência a isso necessita-se recorrer ao livro apócrifo de Henoch. Este livro, evidentemente anterior à época cristã, posto que citado pelo apóstolo São Judas, era de grande autoridade entre os primeiros cristãos. Tertuliano citava-o com estima, não sendo, no entanto, capaz de compreendê-lo, porque este gênio duro e áspero era completamente estranho aos mistérios da cabala, que foram conservados apenas pela escola joanita, mas alterados e profanados pelos erros do gnosticismo.

Os cabalistas referiam as idéias absolutas ao valor numérico e hieroglífico das vinte e duas letras do alfabeto primitivo que se acredita ter sido o dos hebreus. A cada uma destas letras se assimilava um gênio; cada letra é um ser vivente, um anjo. Os que estão familiarizados com a poesia oriental compreenderão esta linguagem figurada. Contudo, é próprio do vulgo tomar tudo ao pé da letra e materializá-lo; bem, entre tais letras, duas representam a divindade, a saber: a primeira e a última, *aleph* e *thau,* em grego *alfa e ômega,* e em latim *a* e *z,* de onde se formou o nome *Azoth,* que em filosofia oculta é a expressão do absoluto.

O livro de Henoch nos conta que existiram *Egregores,* isto é, gênios que nunca dormem, chefes de multidões e que vinte destes gênios separaram-se de seu princípio para se deixarem cair.

Eis aqui o obscurecimento da verdade no mundo. Os números se separam da unidade original e final. As letras de luz se convertem em letra de sombra... E por quê?

As filhas dos homens eram formosas e os anjos do céu sentiram-se desejosos de seu amor.

A idéia, então, identificou-se na forma, e o princípio de sua beleza, embriagando-se na própria beleza, esqueceu seu começo e seu fim.

Os anjos caídos congregaram-se em torno de seu chefe *Samiaxas* sobre uma elevada montanha, logo chamada de montanha do *Juramento* porque os egregores uniram-se através de um juramento sacrílego.

Uma montanha representa simbolicamente um centro de idéias. O Horeb, o Sinai, o Sião, o Tabor, o Calvário, o Olimpo, o Parnaso, o Vaticano, a Montanha revolucionária, todos esses são, ao mesmo tempo, realidades e alegorias.

Os nomes dos anjos são hebreus uns e persas outros, porque Zoroastro e Abraão dão-se as mãos neste livro misterioso.

O décimo é Samiaxas.
O nono é Artakuph.
O oitavo é Arakiel.
O sétimo é Kababiel.
O sexto é Oramammé.
O quinto é Ramiel.
O quarto é Siupsick.
O terceiro é Zalchiel.
O segundo é Balchiel.
O primeiro é Azarel.

Bem, com a inversão desta hierarquia, o último deve, necessariamente, suplantar o primeiro: Azazel destrona Samiaxas e chega a ser o chefe dos demônios da primeira dezena, porque o número dez, sendo a síntese dos números na unidade, representa a multidão e sabe-se que no Evangelho o diabo é denominado legião.

Por que o primeiro, o segundo, o quinto e o sétimo egregores têm nomes persas e profanos?

Porque os verdadeiros nomes pertencem aos anjos fiéis e não podem convir aos espíritos caídos, tendo em vista que a unidade, o binário, o ternário e o setenário são as chaves dos números sagrados.

Há uma segunda dezena de espíritos caídos, que são as sombras das sombras, produtos da revolução intelectual.

O primeiro ou o undécimo chama-se Pharmarus.
O segundo ou o duodécimo chama-se Amariel.
O terceiro ou o décimo terceiro chama-se Thanzael.
O quarto ou o décimo quarto chama-se Anaguemas.
O quinto ou o décimo quinto chama-se Samael.
O sexto ou o décimo sexto chama-se Sayinas.
O sétimo ou o décimo sétimo chama-se Ehumiel.
O oitavo ou o décimo oitavo chama-se Tyriel.
O nono ou o décimo nono chama-se Jamiel.
O décimo ou o vigésimo chama-se Sariel.

O significado destes nomes é análogo às letras sagradas, todavia em sentido contrário, isto é, expressam o contrário do que afirmam os números puros.

Estes espíritos se materializam, tomam formas carnais para se unir às belezas humanas; e delas nascem os criminosos e gigantes parecidos com os Titãs das fábulas, que empilhavam as montanhas para atingir o céu; quer dizer que o espírito absorvido pela matéria exagera o valor da matéria e da forma, fato que aconteceu no mundo antigo e ainda ocorre, desgraçadamente, em nossos dias.

Azazel, feito rei do mundo, nega a Deus e aporta a ciência perigosa e a guerra. Ensina aos homens o uso do ouro, das pedrarias e do ferro; fabrica as jóias para as mulheres e as armas para os homens; os homens disputam entre si o ouro e as mulheres; utilizando lanças e espadas, reúnem o coquetismo e o duelo. O que devia ser o anjo do reino tornou-se o anjo da anarquia; os homens, em lugar de civilizar-se, lutarão para que as mulheres apareçam magnificamente adornadas.

O undécimo anjo, que no Tarô corresponde à força, ensinou aos homens a arte das fascinações e dos prestígios, que são o engodo da força. O nono, correspondente ao número da iniciação, ensina-os a fazer caírem as estrelas do céu, isto é, a deslocarem as mais luminosas verdades e arrastarem-nas na corrente do erro. Os homens aprenderam a adivinhar pelo ar, pela terra e pelos demais elementos, em lugar de acreditarem na luz do Sol. Consultaram-se os oráculos sob os pálidos raios da Lua e foi o sétimo anjo, o da luz de sete cores, que se fez apóstata de si mesmo, ensinando assim a crença nas inspirações variáveis da claridade noturna. Então as mulheres foram iniciadas nos grandes mistérios e os homens, havendo rompido todos os laços da sociedade e da hierarquia, foram impelidos pela rivalidade e pelo desejo sem freio a devorarem-se uns aos outros. Então, os mais débeis lançaram gritos de angústia para o céu e os quatro anjos da harmonia, aqueles que representam as letras do tetragrama divino: Miguel, o anjo da letra *yod,* o gênio do pai, a força criadora ativa; Gabriel, o anjo da letra *hé,* o representante da mãe, a força criadora passiva; Rafael, o anjo da letra *vau,* o gênio do trabalho criador, e Uriel, o anjo do fogo gerador, comovidos pelo grito queixoso dos homens, acorreram ao pé do trono de Deus e suplicaram que fizesse cessar as espantosas desordens da Terra. Foi então que Deus lhe anunciou seu desígnio de purificar o mundo pelo dilúvio, a fim de suprimir a raça maldita dos gigantes. E, procurando como salvar os oprimidos, viu também que eram covardes e culposos e não encontrou senão a família de Noé como digna de receber a graça do Senhor.

E Deus disse a Rafael, o anjo da verdadeira ciência e da pura iniciação, aquele que governa o planeta Mercúrio, o gênio sagrado do triplo Hermes: "Apodera-te de Azarel e arroja-o, atados os pés e as mãos, nas trevas. Colocar-lhe-ás uma venda nos olhos, a fim de que não veja nenhuma luz daqui por diante; depois, golpeando a terra com o pé, abrirás um abismo no deserto de Dodoel, e ali o precipitarás nas rochas abruptas e nos picos da pedra, e ali restará ele para sempre.

"Depois, quando chegar o dia do juízo final, será chamado a responder pelos seus crimes e condenado ao fogo eterno.

"Quanto a ti, faze conhecer à terra os meios de cura, ensina-lhe a medicina para as suas pragas. Volta para o lado da verdade as revelações de Azazel que ocasionaram tantos pecados entre os homens."

Mais adiante, o autor do livro de Henoch acrescenta esta notável passagem: "As almas dos gigantes nascidos de uma aliança monstruosa são metade espirituais e metade materiais; a origem impura delas torna-os malfeitores, e eles são os espíritos de malícia que vagabundeiam na atmosfera. Inimigos naturais da justiça, formam e projetam as correntes impuras. Vivem sem alimento e não tocam a carne dos sacrifícios. Produzem as visões e os fantasmas, porém estão sujeitos a cair e a diminuir-se. Morreram e deverão ressuscitar juntamente com os demais filhos do homem."

Eis aqui indubitavelmente uma espantosa revelação para os invocadores de espíritos e os aficcionados às mesas falantes. São o que chamamos, em obras precedentes, de larvas e vampiros, coagulações e projeções malsãs da luz astral; segundo o livro de Henoch seriam estas as almas híbridas e monstruosas, formadas pelo comércio dos egregores com as prostitutas do mundo antigo; as almas dos gigantes exterminados pelo dilúvio, exalações mórbidas da terra e da baba da serpente Píton.

Devem-se estabelecer três observações importantes sobre esta lenda evidentemente antiga:

1.ª — Que os fatos relatados são alegóricos, como o são no Apocalipse, no pastor de Saint Hermas e nos contos do Talmude. São metamorfoses no estilo de Ovídio. Os seres, quaisquer que sejam, não podem mudar sua natureza: um homem pode enamorar-se de uma linda pomba, porém jamais converter-se em pombo; e, se o conseguisse, não se deduziria daí que a pomba deveria gerar avestruzes. É preciso dizer-se outro tanto dos pretensos anjos, espíritos imateriais, que haviam desejado as mulheres até o extremo de se transformarem em homens, e que procriaram gigantes.

2.ª — Que neste relato não se supõe que os anjos tenham querido destronar a Deus e que se tenham sublevado contra Ele, idéia monstruosa e importada dos Titãs da mitologia grega. Os Titãs podiam, com efeito, escalar o Olimpo, no entanto quem pode imaginar os anjos subindo para assaltar o infinito?

3.ª — Finalmente, que o gênio da falsa ciência (feito homem, não o esqueçamos) é atirado, antes do dilúvio, atados os pés e as mãos e com os olhos vendados, num abismo, onde deve permanecer até o dia do juízo final. Nada há pois de comum entre o Satã, que percorre a Terra para tentar os homens, e o livro de Henoch. Ainda que fosse canônico e não apócrifo, não provaria absolutamente nada em favor do diabo moderno.

Falou-se de Satã no Livro de Jó, mas ali ele não desempenha o papel de anjo precipitado do céu e atirado para sempre longe da presença de Deus. É uma espécie de acusador público que tem seu lugar entre os Beni-Elohim, isto é, entre os filhos dos deuses. O Senhor fala com ele, confia-lhe missões e interroga-o. Percorre a Terra e regressa a Adonai para prestar-lhe contas do que viu. Deus ordena-lhe que ponha Jó à prova, e dota-o de todas as calamidades. Satã faz todo o mal possível a este homem justo. Jó triunfa da prova e Deus recompensa-o; Satã, porém, não sofreu nem castigo nem censura: apenas obedeceu a Deus.

Por outro lado, o livro do Jó é uma alegoria cujo objeto é demonstrar que o mal constitui a prova da virtude. Os personagens desse poema oriental são simbólicos; os próprios nomes são indicativos disso. Jó é o afligido; Satã é a prova em geral e, em particular, a calúnia. Os fatos narrados são absurdos como nas fábulas, mas seu sentido filosófico é muito belo. Não há nisso algo de que se possa inferir a existência dum personagem real chamado Satã. No Gênese de Moisés, a serpente é que tenta a mulher; porém esta serpente, nos mitos sagrados da antiguidade, representa por vezes o fogo, outras vezes o fluido vital: a força ondulante da vida terrestre. Na mitologia grega, Vulcano, Deus do fogo, irrita Júpiter com sua fealdade, e o senhor do Olimpo aterra-o com um pontapé. É o marido de Vênus, aquela que tenta e seduz os mortais (N. dos T. — Na fase áurea do império romano, a Estrela da Manhã, Vênus, era chamada de Lúcifer); habita um antro cheio de chamas, onde se ocupa em forjar armas e raios, preparando assim a guerra e as tempestades.

No Evangelho, Jesus pronuncia este oráculo profundo da sabedoria eterna:

"O diabo é falaz, bem como seu pai."

O diabo não saberia, portanto, ser uma criatura de Deus, pelo menos em sua qualidade de diabo.

Logo, quem pode ser o pai do diabo? O pai do diabo é a mentira. É a mentira e o pai da mentira.

Em sua oposição a Ele, merece ser chamado "o que não é", e, todavia, possui uma existência real.

Expliquemos esta aparente contradição: ele não existe nem poderia existir como uma personalidade única e poderosa.

O inferno é a anarquia, e não há outro rei dos infernos senão a ficção do deus negro, tal como a explicou o rabi Schimeon.

Satã não é o Ahriman dos persas, nem o Antideus dos maniqueus; jamais foi um anjo de luz. Sua luz é a alucinação dos malvados.

Nunca foi um gênio, posto que é uma imensa loucura.

Todavia é uma força imensa, cuidadosa, astuta, que toma mil formas, que penetra em toda parte, ora ameaçadora, ora aduladora, no entanto sempre fatal; uma força que Deus criou quando quis engendrar a liberdade, ainda que tal força leve fatalmente à escravidão; uma força que se personifica no número daqueles que se escravizam voluntariamente. No Evangelho se descobre que o Salvador pergunta-lhe pelo nome, e que este lhe responde: "Eu me chamo Legião, porque somos uma multidão."

O diabo é a besta, ou melhor, a bestialidade que inspira a loucura: é o *magnetismo do mal,* a fatal atração.

Este magnetismo do mal faz que todos os súditos do reino negro, ou melhor, da anarquia tenebrosa se espalhem sem se falar de um extremo a outro do mundo. Também extravia os pagãos perseguidores dos cristãos, mas não os cristãos perseguidores do livre-pensar. Chama-se Nero e Torquemada, Proudhon e Veuillot. Fornece zuavos ao Papa e falsos profetas aos partidários da moral independente. É polemista com Littré, espiritista com Allan-Kardec, demonólogo com o Sr. M. de Mirville e Gougenot-Desmousseaux. A coisa que mais lamenta são as realizações do Comitê de Saúde Pública, as fogueiras de São Domingos e de Pio V. Preside em duas fases diferentes os Congressos de Malinas e de Gênova, porque é impalpável em suas transformações prontas e ilusórias. Impulsiona os insensatos e trata de paralisar os sábios. Sua característica é sempre a malícia e a estupidez. Ama do mesmo modo o anarquismo e o despotismo; detesta acima de tudo a razão. Quer que Desbarreaux seja ateu contanto que Pascal seja jansenista. É santarrão diante de Ravaillac e de Damiens, com matizes diferentes; filósofo com

Robespierre e Marat. É a serpente de mil cores e anéis; por qualquer coisa desliza o dardo móvel e a cabeça chata. Baba sobre tudo o que é puro; despedaça tudo quanto é belo, atrai para si tudo todas as vergonhas e todas as deformidades. Segue os homens por todas as partes, encontra-se em todas as partes; dir-se-ia que o mundo inteiro é seu. É mais horrível que o horror, mais espantoso que a consternação, mais cadavérico que a morte. É o pai dos pesadelos, o rei das visões traidoras; é um pigmeu, um gigante. Aqui é um Tifeu de mil cabeças; ali, um Escorpião quase invisível, que desliza sob vossos pés. Callot e Goya adivinharam apenas pela metade suas grotescas transfigurações. Dante não o sentiu com intensidade suficiente e os que esculpiram os pórticos de vossas catedrais não lhe conseguiram expressar toda a fealdade. Quem aprofundará jamais o fundo da loucura? A quem a febre disse a última palavra? Dai ao azougue um corpo de dores e de torturas e dizei-me até onde poderão chegar no impossível suas horrorosas proporções. Então vos responderia: "Eis ali o diabo, eis ali o pontífice da magia negra; eis ali aquele que os feiticeiros invocam e que lhes aparece prometendo-lhes tesouros, para arrojá-los no abismo!

A força magnética, esse veículo tão poderoso do pensamento e da vida, foi posta pela natureza a serviço do homem: nossas virtudes ou nossa perversidade reunidas determinarão sua trajetória. A serpente sagrada de Esculápio tem a mesma forma simbólica que as serpentes de Tisífone (a primeira das Fúrias) e de Moisés, que nos relata como a serpente introduziu o pecado e a morte no mundo, e que fez uma serpente de cobre para curar os que morriam no deserto devido às mordeduras daquelas.

O dogma católico, quer dizer, universal, ainda não foi formulado pela Igreja, a não ser como um enigma. É aceito, mas não compreendido nem mesmo pela própria fé, porque se impôs sem aceitar o concurso livre da razão. Às vezes até parece contradizer a ciência, porque ainda não se aprendeu a distinguir entre a história, as alegorias e as metáforas místicas. Se me é dito que uma Virgem chegou a ser mãe sem deixar por isso de ser virgem, que um menino saiu dela, como um raio emanado de um sol, sem quebrar o cristal puro, inclino-me e creio, admirando tal virgem; porém não posso, salvo no caso de ser um idiota, acreditar que se trate de um menino material e natural, porque sei que isto é impossível. Quando a Bíblia me diz que as montanhas saltaram como carneiros e as colinas como cordeiros, não o tomo ao pé da letra. Quando encontro nela que Josué deteve o Sol (ai! e por isso condenaram Galileu!), compreendo que se trata de uma expressão da poesia oriental para expressar que os prodígios de valor dos hebreus naquele dia duplicaram ou triplicaram a jornada. Talvez, Napoleão I não esteve muito longe de crer que na jornada de Austerlitz governara o Sol.

Se lemos no símbolo de Nicéia que o Filho de Deus nasceu do Pai antes de todos os séculos e, ao mesmo tempo, nos ensina que Ele é eterno como o Pai, devemos compreender que o nascimento em questão em nada se assemelha a tudo quanto possamos entender como natural e material nessa palavra, pois o nascimento neste caso não pode ser senão um princípio. Se em seguida encontramos no mesmo símbolo que o próprio filho de Deus desceu dos céus para salvar os homens, devemos imaginar que aquilo que desce é o infinito? Por acaso, em relação a Deus, o céu está em cima e a terra embaixo? As expressões da fé não guardam, pois, nenhuma relação com as da ciência e as mesmas palavras quando são empregadas pelo dogmatismo não querem dizer as mesmas coisas.

A Igreja, em seus ofícios, empregando as palavras do profeta Davi, chama o diabo de flecha que voa durante o dia, e de inominado que passeia à noite. E ainda o chama de corrente impetuosa e gênio do grande calor *(ab incursu* e *dæmonio meridiano)*. São Paulo disse que devemos combater as potências de nossa atmosfera *(potestates aeris hujus)*.

Não é este um modo de designar claramente forças e não pessoas? E que nos importa, depois de tudo, que a Igreja em seus exorcismos fale ao demônio como a uma pessoa capaz de ouvi-la? O mar e o vento também são pessoas? Pois bem, vemos no Evangelho que Jesus Cristo falou-lhes dizendo: "Vento, cala-te! Mar, acalma-te!", e que, no mesmo instante, como se o vento e o mar fossem capazes de ouvi-lo e de obedecer-lhe, produziu-se uma calma completa.

O Evangelho que São João chama Evangelho eterno não é senão a história de um homem chamado Jesus, a história simbólica do Filho de Deus, a lenda do Verbo eterno. As estrelas do céu escreveram-na antes do nascimento dos homens e os Magos leram-na quando vieram adorar a realidade vivente. Os hieróglifos do Egito estão cheios dela. Ísis amamentando Hórus é doce como a Virgem-mãe, e coroa-se também de estrelas, com a Lua sob seus pés. Os sábios da Índia adoram Devaki ofertando seu casto seio a Krishna; escreveram também seu evangelho. A história de Krishna e de Cristo parecem idênticas. Encontra-se na fábula indiana a serpente de Moisés e os feitos do Salvador contra Satã. O Evangelho é o Gênese eterno da liberdade; é o espírito triunfando pela doçura das brutalidades da matéria. É a descrição e a condenação do reino efêmero de Satã, quer dizer, da mentira e da tirania. Em nosso livro intitulado *A Ciência dos Espíritos* demonstramos tal verdade, comparando o texto dos Evangelhos canônicos com o dos Evangelhos apócrifos. Vamos completar nosso trabalho mostrando aqui as passagens mais notáveis desta maravilhosa fábula indiana que estamos tentados a chamar de Evangelho de Krishna.

A LENDA DE KRISHNA – EXTRATO DO BHAGAVADAM, LIVRO CANÔNICO HINDU

Capítulo I

A CONCEPÇÃO

A alma da terra queixava-se a Brama dizendo-lhe: "A raça dos gigantes (os filhos da impiedade) multiplicou-se até o infinito.

"O orgulho deles é insuportável e eu gemo na opressão, sob o peso de sua iniqüidade: Vem em meu socorro, ó Brama!"

Então Brama, acompanhado por todos os deuses, transladou-se para perto daquele mar misterioso, cujas ondas são de leite e sobre o qual Vishnu repousa na glória e na beatitude.

De pé sobre este mar resplandecente de brancura, Brama meditava e se adorava na divina Trimurti; depois, revelando os mistérios da vontade suprema, disse: "Vishnu, torne-se homem."

Então a serpente Scissia fez ouvir seu silvo e Brama lhe disse: "Tu te farás homem a fim de perpetuar sua glória e triunfará de ti, bem como da fatalidade, tua irmã.

"Ele será chamado Krishna, isto é, Azul, porque será filho dos céus.

"Sábios e patriarcas, retornai à terra para adorá-lo; fazei-vos pastores, porque será um pastor."

Oh! Quem poderá falar dignamente das ações de Deus? Os que compreendem esta história divina estão como que submergidos num oceano de delícias. Os males deste mundo e os que deverão vir nada poderão contra eles. Este Homem-Deus, de grandes olhos cheios de majestade, se adianta; o sorriso debuxa-se-lhe nos lábios, um sinal é visto no meio de sua fronte e seus cabelos anelados flutuam sobre seu seio. Os que viram seus olhos uma vez não querem deixar de contemplá-los.

Seja esta imagem gravada em todos corações! Possa a lembrança deste Deus, deste pastorzinho, criado entre bois e ovelhas, estar presente em todos os espíritos do céu e da terra!

Capítulo II

A NATIVIDADE

Kansa, rei de Madura, tendo-se inteirado de que a formosa Devaki, esposa de Vassudeva, devia dar ao mundo um menino que reinaria algum dia em seu lugar, resolveu matar o menino tão logo Devaki desse à luz.

Todavia, chegado o tempo, Vishnu iluminou Vassudeva com sua luz que se refletiu e se concentrou no casto seio de Devaki.

Devaki concebeu então a criança de modo celestial e sem as obras ordinárias do homem.

Kansa, então, aprisionou-a, mas quando chegou a hora do nascimento de Khishna a prisão foi aberta por si mesma e o Menino-Deus transportado ao estábulo de Nandem, no meio dos pastores.

Brama, Shiva e os demais deuses acorreram e adoraram-no naquele humilde asilo e o cobriram de flores. Os anjos Gheadarouver cantavam, dançavam e davam concertos com os mais melodiosos instrumentos. Todas as estrelas e planetas tinham um aspecto feliz. Vassudeva prosternou-se diante daquele filho divino, adorou-o e lhe disse: "Oh! Engendrado por Brama e que nascestes entre nós, eis que estais aprisionado num corpo formado pelo destino e submetido aos acidentes da matéria, vós que sois imaterial e inacessível à morte, eis que chega a hora em que Kansa vem matar-vos, fazei que possamos salvar-vos a vida e salvar-nos a nós mesmos!"

Devaki recitou quase que a mesma prece; então Krishna abriu a boca e falou. Confortou seus pais, revelou-lhes altos destinos e, tendo-lhes prometido beatitude eterna, recomendou--lhes silêncio e se comportou como as demais crianças.

Capítulo III

O MASSACRE DOS INOCENTES

Todavia, Kansa, prevenido da liberdade de Devaki, correu à prisão, e acreditou vê-la ali recostada, com o menino próximo de si; um asno próximo começou a zurrar e o tirano acreditou que aquele era um aviso do céu. Desembainhou sua espada; Devaki disse-lhe em vão que aquilo que ele acreditava ser um menino era uma menina; Kansa arremessou-o para o alto e levantou a espada para recebê-lo com a ponta dela; porém o menino, agarrando-se à sua cabeça, gritou-lhe: "Sou a Fatalidade, treme, teu futuro vencedor ocultou-se num retiro inacessível e daqui por diante, até a hora do castigo, ficarei suspenso sobre ti."

Então Kansa teve medo e se prosternou aos pés de Devaki, oferecendo-lhe presentes e deixando-a em liberdade para que se retirasse com Vassudeva para onde quisesse. Enquanto isso, Krishna crescia e permanecia oculto.

Kansa, torturado pelo temor, enfureceu-se e ordenou em todos os seus estados a degolação dos meninos recém-nascidos.

Somente o jovem Krishna escapou aos assassinos. Os gigantes do mal, por seu lado, também se conjuravam para sua perdição. Um dia vieram sob a forma de um carro terrível que girava com ímpeto e intentava esmagá-lo. Krishna antepôs-lhe o pé, sorrindo, e, logo que seu pé tocou no carro, toda a máquina horrível se desfez e os restos caíram em torno do divino menino sem tocá-lo.

Outro gigante, correndo com a velocidade do vento, arrebatou Krishna, colocou-o sobre suas espáduas e o levou para o meio do mar para afogá-lo, porém o divino menino fez-se tão pesado que o gigante, curvado sob tal peso, afogou-se, e Krishna volveu à terra, caminhando sobre a água.

CAPÍTULO IV

HISTÓRIAS DA INFÂNCIA SIMILARES ÀQUELAS DO EVANGELHO

Krishna, em sua infância, querendo parecer-se aos outros filhos dos homens, fazia às vezes travessuras que assombravam os próprios pais, as quais, no entanto, sempre terminavam favorecendo alguém. Assim, apoderou-se, um dia, das roupas de várias jovens que se banhavam e que, para recuperá-las, tiveram que permanecer imóveis, com os olhos elevados ao céu e as mãos unidas sobre a cabeça. Deste modo, fê-las envergonhar-se de sua imodéstia, ensinando-lhes ao mesmo tempo a atitude da prece.

Apoderava-se do leite e da manteiga dos ricos para dá-los aos pobres. Um dia, a fim de castigá-lo por essas ações, prenderam-no à mó de um moinho; ele quebrou a cadeia, levantou a mó e lançou-a contra duas grandes árvores que se romperam com o choque. Daquelas duas árvores saíram dois homens que adoraram o menino e lhe disseram: "Louvado sejas, ó nosso salvador! Nós somos Nalaconben e Manicrida, que por nossas faltas estávamos encerrados nestas árvores; para que fôssemos libertados, era necessário que um Deus viesse rompê-las."

Num outro dia, o fogo assoberbou as franças do arvoredo e das messes; o jovem Krishna entreabriu a boca sorrindo e aspirou suavemente a chama. O fogo inteiro, separando-se da terra, extinguiu-se nos lábios vermelhos de Krishna.

Brama, para prová-lo, ocultou o gado confiado a sua custódia. Krishna fez ovelhas de barro e animou-as. Brama declarou-se vencido e devolveu-lhe o gado que havia escondido e proclamou-o o criador e dono de todas as coisas.

Pouco tempo depois, os animais e os pastores, após beberem a água do rio de Colinady, morreram, porque Nakuendra, rei das serpentes, tendo sido vencido por Gueronda, príncipe dos Misans, havia-se refugiado nas águas daquele rio. Krishna desceu ali; em seguida o rei das serpentes precipitou-se sobre ele e envolveu-o em seus anéis, porém Krishna se livrou deles, obrigando o réptil a curvar a cabeça; subindo nela, começou a tocar flauta. No mesmo instante, pastores e reses mortos tornaram à vida. Vishnu outorgou graça à serpente. Depois de perder o veneno, ela não podia mais causar mal a ninguém. No entanto, Vishnu ordenou-lhe que se retirasse para a ilha de Ratnagaram.

Capítulo V

O BATISMO

Devendra, deus das águas, crendo que Krishna era a causa de não lhe prestarem as honras devidas, fez chover durante sete dias e sete noites a fim de submergir as campinas dos pastores, mas Krishna ergueu com uma só mão a montanha de Gavertonam e a interpôs entre o céu e a terra. Devendra reconheceu então ser impotente, prosternou-se diante de Krishna e disse-lhe: "Oh, Krishna! Sois o Ser Supremo, não tendes nem desejo nem paixão; todavia, praticais ações como quem as experimentou. Protegeis aos justos e castigais aos maus. Em um de vossos momentos um número infinito de Bramas já passou. Salvai-me, vós, cujos olhos possuem a doçura da flor do tamarindo!" Krishna sorriu e respondeu-lhe: "Ó príncipe entre os deuses! Humilhei-te para te fazer maior. Porque eu rebaixo aquele que pretendo salvar; sê doce e humilde de coração!"

Devendra disse então: "Tenho ordem de Brama de consagrar-te e reconhecer-te Rei dos Brâmanes, pastor das vacas e Senhor de todas as almas que cultivam a paz e a mansidão."

Depois se levantou, deu-lhe a santa unção e chamou-o de pastor dos pastores.

CAPÍTULO VI

CÂNTICO DOS CÂNTICOS

Krishna tocava a flauta pastoril e todas as jovens o seguiam. Para ouvi-lo, as jovens abandonavam a casa de seus pais.

E Krishna lhes dizia:

"Ó mulheres! Não temeis a cólera de vossos esposos? Jovens, não temeis os reproches de vossos pais? Regressai para aqueles que devem estar ciosos de vosso amor."

E as mulheres diziam, e as jovens respondiam:

"Se abandonássemos por um homem nossos pais e nossos esposos, seríamos criminosas, porém como poderiam os mortais estar ciosos do amor que nos arrasta para um Deus?"

Então Krishna, ao ver quão puros eram seus desejos, deu-lhes toda ternura. Satisfê-las de seus divinos abraços e todas se foram felizes ao mesmo tempo; cada uma delas acreditava, no entanto, ser a única companheira fiel e a casta esposa de Krishna.

CAPÍTULO VII

A TRANSFIGURAÇÃO

Por ocasião de um sacrifício deviam ser celebradas grandes festas em Madura. O rei Kansa convidou Krishna para elas, quando então pensava matá-lo.

O gigante Acrura veio até ele com o carro e Krishna não se recusou a subir nele.

O rio Emuney achava-se no caminho e Acrura, tendo descido para se banhar, viu Krishna no espelho das ondas que resplandecia de pura claridade. O Deus tinha na fronte um diadema triplo. Seus quatro braços estavam carregados de braceletes de pérolas. Olhos resplandecentes brilhavam como pedrarias no corpo todo e as mãos estendiam-se por todas as partes até os limites do Universo. O coração de Acrura modificou-se então e, quando encontrou Krishna tranqüilamente sentado em seu carro, adorou-o sinceramente e desejou que pudesse escapar às armadilhas que lhe preparava o velho Kansa, e que saísse definitivamente vitorioso das provas mais perigosas.

Capítulo VIII

A ENTRADA TRIUNFAL

Krishna entrou então na cidade real de Madura. Estava pobremente vestido, como estão ordinariamente os pastores e encontrou escravos que levavam as vestimentas do rei numa carruagem. "Vestes reais são as minhas", disse Krishna, porém os escravos mofaram dele.

Krishna estendeu as mãos e eles caíram mortos; a carruagem tombou e as vestimentas reais foram colocar-se aos pés de Krishna por si mesmas.

Então todos os habitantes da cidade acorreram a oferecer-lhe presentes. Vasos de ouro e prata, as mais preciosas jóias semeavam o caminho que ele deveria percorrer; não se dignou, todavia, a descer para recolhê-las. Um pobre jardineiro chamado Sandama aproximou-se, por sua vez, e ofereceu-lhe suas flores mais formosas. Então o Deus se deteve, recebeu aquela oferenda do pobre e perguntou o que desejava ele em troca. "Peço que teu nome seja glorificado", disse Sandama. "Peço, acrescentou, que o mundo inteiro te ame e, naquilo que me diz respeito, suplico que me faças cada vez mais sensível às queixas dos desgraçados." Krishna percebeu então que amava Sandama e foi descansar algumas horas na casa dele.

Capítulo IX

KRISHNA TRIUNFA DE TODOS OS GIGANTES

Kansa morreu querendo matar Krishna, e o jovem Deus livrou o pai de Kansa da prisão, restituiu-lhe o reino que o filho lhe usurpara, depois regressou à solidão e entregou-se ao estudo dos Vedas; os gigantes moveram-lhe guerra e foram vencidos sem nenhuma exceção.

Um dia rodearam com fogo a montanha para onde ele havia-se retirado, sitiando-a com inumerável força; Krishna elevou-se sobre as chamas e, fazendo-se invisível, passou por seus inimigos e retirou-se para outro lugar.

Todavia, estava escrito no céu que Krishna devia morrer a fim de expiar os pecados da raça. Seus pais eram da tribo dos Yadawers que devia chegar a fazer-se numerosa até cobrir a superfície do mundo. No entanto, orgulhosos de seu número e riquezas insultaram os profetas de Yxora e o Deus temível fez cair no meio deles um cetro de ferro, dizendo-lhes: "Eis aqui a vara que quebrará o orgulho e as esperanças dos Yadawers."

Consultaram Krishna, que lhes aconselhou a derreter e a transformar em pó a vara de ferro. Fez-se assim e a vara de ferro foi arrojada às águas. Uma parte pontiaguda dela escapou à dissolução e foi abocanhada por um peixe que, ferido, deixou-se apanhar por um pescador que retirou o anzol e armou com ele a ponta de uma flecha; e tudo isto foi feito pela vontade dos deuses que, para a salvação do mundo e a liberação de Vishnu, preparavam a morte de Krishna.

Capítulo X

DISCURSO ANTES DA PAIXÃO

Diz-se também que uma mulher feia e informe, levando um vaso perfumado de elevado custo, verteu o conteúdo dele na cabeça de Krishna. Em seguida a fealdade da mulher desapareceu, sumiram-lhes as deformações e ela se foi, dotada de muita formosura.

Aproximava-se, no entanto, a hora do grande sacrifício; os prodígios apareceram no céu e na terra. Os mochos gritavam em pleno dia, os corvos grasnavam durante a noite; os cavalos vomitavam fogo, o arroz verde germinou, o sol tingiu-se de muitas cores.

Krishna ameaçou os Yadawers com uma destruição próxima e aconselhou-os a abandonarem a cidade, escapando aos tormentos que iriam sofrer; porém não o escutaram e, tendo-se dividido, armaram-se de paus pontiagudos como facas, nascidos da barra de ferro reduzida a pó e atirada às águas. O cetro do despotismo havia-se pulverizado, mas de seu pó nascera a guerra civil e a anarquia.

Krishna tinha um discípulo favorito chamado Ontaven. O discípulo pediu-lhe algumas instruções de que pudesse recordar-se e Krishna lhe disse: "Em sete dias a cidade de Danvareguay será destruída. Vai começar o Kali-Yuga. Nesta nova era os homens serão malvados, mentirosos e egoístas. Serão débeis de corpo, enfermiços e de vida curta; assim, abandonai completamente o mundo e retirai-vos para a solidão em que pensareis sempre em mim, abandonareis os prazeres do mundo e enobrecereis vossa alma por meio da meditação concentrada. Aprendei a viver com o pensamento, sabei que o Universo está em mim e que existe tão-somente por mim; triunfai de Maya, que é a ilusão das aparências; procurai a amizade dos sábios, que eu estou em vós e vós estais em mim. O que renuncia à vaidade do mundo pela verdade que a sabedoria concede, atrairá a si a luz divina. Seu coração será puro como a água e refletirá a minha imagem.

"Renunciai ao desejo de propriedade de coisas temporais: é o primeiro passo no caminho da perfeição; por meio deste desligamento absoluto é que as paixões podem ser combatidas.

"A alma é a soberana dos sentidos e eu sou o soberano da alma.

"O espaço é maior que os elementos e eu sou maior que o espaço.

"A vontade é mais forte que os obstáculos e eu sou dono da vontade.

"Brama é maior que os deuses e eu sou maior que Brama.

"O sol é mais luminoso que os demais astros e eu sou mais luminoso e mais vivificante que o sol.

"Nas palavras, eu sou a verdade; nas promessas, sou eu quem ordena não matar o que vive; na esmola, eu sou a do pão; nas estações sou a primavera que vivifica; a verdade, a sabedoria, o amor, a caridade, o bem, a oração, os Vedas, a eternidade são minhas imagens."

Tendo Ontaven recebido tais instruções, retirou-se para o deserto de Badary.

Capítulo XI

A MORTE DE KRISHNA

Krishna voltou então para os Yadawers, que eram de sua raça, e descobriu que se haviam matado mutuamente. O país por eles ocupado era tão-somente uma campina coberta de cadáveres. Levantou os olhos e viu voltarem ao céu as almas que amara na terra.

Então, encontrando-se só e triste, arrojou-se ao pé de uma sarça misteriosa que aprofundava na terra as raízes poderosas e retorcia nos altos os ramos recobertos de folhas vermelhas e de espinhos. Krishna tombou sobre as raízes do sarçal; um de seus pés estava colocado sobre o outro e duas de suas quatro mãos estavam estendidas em oração, as demais, unidas para a prece. Então alcançou-o uma flecha lançada ao acaso por um caçador; ela veio cravar-se no sarçal aos pés unidos de Krishna. Aquela flecha era a que havia sido ferrada com o fragmento pontiagudo do cetro quebrado por Krishna. Era a vingança final da tirania e da morte.

Mal expirara quando os tronos injustos desabaram por si mesmos; o corpo dele desapareceu rapidamente. Logo, no entanto, foi encontrado, por milagre, em Geganadam, onde construiu-se-lhe um templo em que ele foi adorado posteriormente sob o nome de Jagrenat.

Extraiu-se esta lenda do Baghavadan, um dos Puranas, livros sagrados dos hindus aos quais se atribui a mais remota antiguidade. Dividimo-los em capítulos que mostram as semelhanças que possam ter com nossos Evangelhos, cujo espírito se manifesta completamente no maravilhoso ideal da incarnação divina. Que brâmane degenegrado tomará esta poesia sagrada por história? Apesar disso, não aparecerá na Índia algum Renan para escrever, colhendo uma coisa e descartando outra, uma vida descarnada e prosaica de Krishna?

Terceira Parte

A ESTRELA FLAMEJANTE

A estrela flamejante é um símbolo maçônico que representa o absoluto, no ser, na verdade, na realidade, na razão e na justiça.

Os mistérios da iniciação maçônica constituem uma lenda misteriosa e muito antiga que dá a entender a alta filosofia dos evangelhos e que refere o martírio eterno do justo, sempre oprimido pelo mal e sempre triunfante dele. Nesta lenda, a inveja, a concupiscência e o orgulho formam as três cabeças do gênio infernal; mas este é o gênio dos homens perversos, representados pelos três traidores. Propomo-nos a falar da lenda de Hiram.

A filosofia maçônica, da antiga Cabala, representa um protesto contra os cultos que ultrajam a natureza. Seu fundamento é a ordem eterna. Seu princípio, a justiça imutável que preside as leis do Universo; repele as idéias de capricho e privilégio; ensina a igualdade na ordem hierárquica e crê na necessidade dos graus de iniciação e na classificação dos irmãos por ordem de ciência e mérito; admite, enfim, todas as crenças; retificando-as, todavia, através da fé na ordem eterna.

Entre seus símbolos admite a cruz, signo de sacrifício e morte, porém une a ela a rosa que representa o amor e a vida. O esquadro e o compasso são a precisão unida à justiça. Esquece os dogmas que dividem os sacerdotes e que podem unir os homens. Predica a todos benevolência e caridade.

A maçonaria é o primeiro ensaio de síntese universal e de associação verdadeiramente católica. Sabemos que aqui o nome parece protestar contra a coisa. Porém é preciso dar-se conta deste silogismo: os pretensos católicos são os mais exclusivos dos homens e os maçons livres que, sob o nome de profanos, parecem excluir as maiorias humanas, são, na realidade, os únicos partidários sérios da associação universal.

O que seria preciso para reconciliar a maçonaria com o catolicismo? Cessar a maledicência e chegar ao entendimento. Porque ambas as doutrinas, contrárias, não contraditórias, são no fundo a dupla solução de um único problema: a conciliação da razão e da fé. Porém como conciliar os contrários? Já o dissemos: não os confundindo jamais, mas associando-os e lembrando-se deste axioma da filosofia oculta: a harmonia resulta da analogia dos contrários.

LENDAS MAÇÔNICAS EXTRAÍDAS DE UM RITUAL MANUSCRITO DO SÉCULO VIII

PRIMEIRA LENDA

Salomão, o mais sábio entre os reis de seu tempo, querendo erigir um templo ao Eterno, fez que todos os obreiros necessários à construção fossem reunidos em Jerusalém. Mandou publicar um edito em seu reino que se difundiu por toda a terra: quem quisesse vir a Jerusalém para trabalhar na construção do templo seria bem recebido e recompensado, com a condição de que fosse virtuoso, zeloso, valoroso e despido de todo vício. Rapidamente, Jerusalém encontrou-se repleta de uma multidão de homens conhecedores das altas virtudes de Salomão e desejosos de inscrever-se nos trabalhos do Templo. Salomão, contando com um grande número de obreiros, fez tratados com todos os reis vizinhos, particularmente com o rei de Tiro, para que pudesse escolher do monte Líbano os cedros e madeiras que lhe conviessem, assim como outros materiais.

Já haviam começado as obras quando Salomão se lembrou de Hiram: o homem mais experiente e conhecedor de arquitetura da época, sábio e virtuoso, e homem por quem o rei de Tiro nutria singular estima pelas grandes qualidades. Percebeu também que um tão grande número de obreiros não podia ser dirigido sem grande dificuldade e confusão; além do mais as obras começavam a ressentir-se pelas contínuas discussões que reinavam entre eles. Salomão resolveu dar-lhes um chefe digno para mantê-los em boa ordem e, para tal fim, escolheu Hiram, tírio de nascimento. Enviou deputados, carregados de presentes, ao rei de Tiro, para rogar-lhe que lhe mandasse o famoso arquiteto chamado Hiram. O rei de Tiro, encantado com o elevado conceito que Salomão tinha dele, acedeu e enviou-lhe Hiram e os seus delegados, cumulados de riquezas, expressando-lhes sincera amizade por Salomão, acrescentando que, além do tratado que haviam concertado, concedia-lhe uma aliança ilimitada e que podia dispor de tudo quanto quisesse do seu reino. Os delegados chegaram a Jerusalém acompanhados de Hiram no dia 15 de julho... um formoso dia de verão. Entraram no palácio de Salomão. Hiram foi recebido com toda pompa e magnificência devidas a suas qualidades elevadas. O próprio Salomão deu uma festa aos obreiros para comemorar a chegada.

No dia seguinte, Salomão reuniu a câmara do conselho para arranjar os negócios de importância; Hiram foi admitido nela recebendo as felicitações de todos os concorrentes. Salomão disse-lhe, na presença de todos: "Hiram, eu vos escolho para chefe e arquiteto-mor do Templo, assim como escolhi os obreiros; transmito-vos meu poder sobre eles, sem que haja necessidade de outra opinião que a vossa, pois vos tenho como um amigo a quem confiarei o maior de meus segredos." Em seguida saíram da câmara do conselho e foram aos trabalhos, onde o misterioso Salomão disse a todos os obreiros em voz alta e inteligível, mostrando Hiram: "Eis aqui aquele que escolhi para vosso chefe, para guiar-vos; obedecer-lhe-eis como a mim mesmo; concedo-lhe amplo poder sobre vós e sobre as obras, sob pena de serem, aqueles que não obedecerem as minhas ordens e as de Hiram, castigados da maneira que ele creia conveniente." A seguir, inspecionaram os trabalhos; tudo se colocou sob as ordens de Hiram que prometeu a Salomão conduzi-los da melhor maneira.

No dia seguinte, Hiram reuniu os trabalhadores e lhes disse: "Amigos, o Rei, nosso senhor, confiou-me o cuidado de dirigir-vos e regular os trabalhos do Templo. Não duvido que a algum de vós falte o zelo para executar as ordens dele e as minhas. Entre vós há alguns que merecem salários mais elevados; cada um poderá alcançá-los através de provas sucessivas de seu trabalho. Para a vossa tranqüilidade e como prêmio ao vosso empenho, formarei três classes de obreiros: a primeira será composta por aprendizes, a segunda por oficiais e a terceira por mestres."

"A primeira classe será paga como tal e receberá seu salário na porta do Templo, na coluna J."

"A segunda, também na porta do Templo, porém na coluna B."

"E a terceira no santuário do Templo."

Aumentaram-se os salários segundo os graus e cada qual considerava-se feliz de encontrar-se sob a ordem de chefe tão digno. A paz, a amizade, e a concórdia reinavam entre eles. O respeitável Hiram, querendo que tudo corresse em ordem, e para evitar confusões entre os obreiros, deu a cada um dos graus, signos, palavras e toques para que se pudessem reconhecer, com a proibição expressa de comunicá-los sem a permissão expressa do rei Salomão e de seu chefe; de modo que cada um receberia o salário de acordo com o signo, de modo que os mestres seriam pagos como mestres, bem como os oficiais e os aprendizes. Ajustando-se a uma regra tão perfeita, tudo se desenvolvia em paz e as obras continuavam segundo os desejos de Salomão.

No entanto, uma ordem tão bela poderia persistir? Não, e com efeito três oficiais, impelidos pela avareza e o desejo de receber a paga dos mestres, resolveram conhecer a palavra. Como não poderiam obtê-la, a não ser do respeitável mestre Hiram, conceberam o propósito de arrancá-la por bem ou por mal. Como o respeitável Hiram ia diariamente ao santuário do Templo para elevar preces ao Eterno, pelas cinco da tarde, concordaram em esperá-lo à saída para perguntar-lhe pela palavra dos mestres. Como o Templo tinha três portas, uma no oriente, outra no ocidente e a terceira ao sul, esperaram armados, um com uma régua, o segundo com uma alavanca e o terceiro com um martelo. Terminada a oração, Hiram intentou sair pela primeira porta, onde encontrou o primeiro que, armado com a régua, perguntou-lhe a palavra do mestre. Assombrado, Hiram disse-lhe que não era daquela maneira que conseguiria e que morreria antes de dizê-la. O traidor, furioso pela negativa, assestou-lhe um golpe com a régua. Hiram, aturdido pelo golpe, afastou-se, dirigindo-se à porta ocidental, onde encontrou o segundo traidor que lhe fez a mesma pergunta que o primeiro. Hiram recusou-a também, o que irritou igualmente o traidor que o golpeou com a alavanca. Cambaleando, Hiram intentou retirar-se pela porte do oriente, pela qual acreditava haver segurança, porém o terceiro traidor que o esperava ali fez-lhe a mesma pergunta. Hiram respondeu-lhe que preferia morrer a declarar-lhe um segredo que ainda não merecia. Indignado pela negativa, deu-lhe um golpe tão terrível com o malho que o matou. Como ainda havia luz, os traidores carregaram o corpo de Hiram e ocultaram-no num monte de escombros ao norte do Templo, esperando a noite para transportá-lo mais além. Com efeito, quando se fez noite, levaram-no para longe da cidade, a uma montanha elevada, onde o enterraram. Como decidissem conduzi-lo para mais longe, plantaram sobre a fossa um ramo de acácia, com o fito de reconhecerem o lugar e tornaram a Jerusalém.

O respeitável Hiram ia todos os dias, quando Salomão acordava, dar-lhe conta das obras e receber ordens. Não vendo Hiram no dia seguinte, mandou-o chamar por um de seus oficiais que lhe disse que não fora possível encontrá-lo. Tal resposta afligiu Salomão que quis procurá-lo por si mesmo no Templo, e mandou que se indagasse, com perguntas precisas, na cidade toda. No terceiro dia, Salomão, ao se retirar do Templo, após elevar suas preces, fê-lo pela porta do Oriente, surpreendendo--se por ver manchas de sangue; seguiu-as até o monte de escombros do Norte, mandou cavar ali e percebeu que havia sido removido. Estremeceu de horror e assegurou-se de que Hiram fora assassinado. Tornou ao santuário do Templo para chorar a perda de tão grande homem; em seguida, voltou ao átrio do Templo, onde mandou reunir todos os mestres e lhes disse: "Meus irmãos, a perda de vosso chefe é certa." Ante estas palavras cada um consumiu-se numa dor profunda, fato que produziu silêncio bastante prolongado e que Salomão interrompeu dizendo que era preciso que nove deles resolvessem partir para procurar o corpo de Hiram e conduzi-lo ao Templo. Mal Salomão terminou de falar, os mestres todos quiseram partir, mesmo os mais velhos, sem pensar nas dificuldades do caminho. Notando o zelo deles, Salomão lhes disse que não partiriam mais que nove eleitos por escrutínio. Os agraciados deram mostras de alegria, tiraram os calçados, para obter maior agilidade, e partiram. Três empreenderam o caminho do sul, três o do ocidente e os três restantes o do oriente, prometendo que se reuniriam ao norte, no nono dia de sua partida. Um deles, achando-se extenuado pela fadiga, quis descansar. Ao querer sentar-se, apoiou-se num ramo de acácia. Aquele ramo, colocado ali *ex-professo*, ficou em sua mão, o que o surpreendeu. Vendo então uma grande porção de terra recém-removida, presumiu que Hiram pudesse estar naquele sítio.

Recuperou as forças, cheio de ânimo; muito animado, saiu em busca dos outros mestres, reunindo-se os nove conforme o combinado. Aquele conduziu os demais ao lugar onde estivera, disse-lhes o que sabia e, animados todos pelo mesmo impulso, puseram-se a remover a terra. Realmente, ali estava enterrado o corpo do respeitável Hiram. Quando o descobriram, horrorizaram-se, retrocedendo estremecidos. A dor embargou seus corações e eles permaneceram largo tempo em êxtase; recuperando, porém, a coragem, um deles entrou na fossa, tomou Hiram pelo indicador da mão direita para levantá-lo. Hiram, cuja carne estava apodrecida, desagregava-se, cheirava mal, e tal fato fez que o homem retrocedesse, dizendo: *Iclinque,* que significa "cheira mal". Outro segurou-o pelo dedo seguinte ao indicador e sucedeu-lhe o mesmo que ao primeiro. Retirou-se, dizendo: *Jakin* (responde-se *Boaz*). Os mestres se consultaram. Como ignoravam que, Hiram ao morrer, havia conservado o segredo dos mestres, resolveram mudá-lo, e a primeira palavra que proferiram ao retirar o corpo da fossa seria a usual daí por diante. Em seguida, o mais velho deles entrou na fossa, tomou o respeitável Hiram e tirou-o dali, agarrando-o pela munheca direita, apoiando o peito dele contra o seu, bem como a rótula e o pé do mesmo lado. Com a mão esquerda segura aos ombros de Hiram, deixou a fossa. O corpo produziu um ruído surdo que os assustou, porém o mestre, sempre sereno, exclamou: *Mac Benak,* que quer dizer "a carne abandona os ossos". Em seguida repetiram o nome uns dos outros e, colhendo Hiram pelo braço, tomaram o corpo do homem respeitável e levaram-no a Jerusalém. Chegaram à noite, com lua cheia e entraram no Templo, onde depositaram o corpo. Salomão, informado da chegada, correu ao Templo, acompanhado por todos os mestres, vestidos de luva branca e avental, onde renderam ao respeitável Hiram as honras póstumas. Salomão mandou inumá-lo no santuário e fez colocar sobre sua tumba uma placa de ouro, de forma triangular, na qual estava gravado, em hebraico, o nome do Eterno; depois recompensou os mestres com um compasso de ouro que usaram na botoeira de seus trajes, pendente de uma cinta azul e se comunicaram as novas palavras, signos e toques.

As mesmas cerimônias são repetidas quando se retira o candidato do ataúde, durante a recepção.

A palavra combinada é Gibline, o nome do lugar em cujas proximidades estava enterrado o corpo de Hiram.

SEGUNDA LENDA

Tendo Salomão mandado inumar o corpo de Hiram no santuário do Templo, com a pompa e a magnificência devidas ao seu posto, congregou todos os mestres e lhes disse: "Meus irmãos, os traidores que cometeram o assassínio não devem permanecer impunes; podem ser descobertos, para o que declaro que devem ser levadas a cabo, com todo o ardor, as investigações e que se mantenha a discrição possível no caso de os autores serem descobertos; que não seja feito nenhum dano a eles, trazendo-os vivos, para me reservarem a satisfação da vingança. Com este fito, ordeno que vinte e sete de vós partam para levar a cabo a investigação, atentando na execução de minhas ordens." Todos queriam partir, para vingar a morte do respeitável mestre, porém Salomão, sempre respeitando seus tratos, repetiu-lhes que era preciso que fossem vinte sete, tomando nove a rota do oriente, nove a do sul, e nove a do ocidente e que todos iriam armados com maças para se defender dos possíveis perigos. Em seguida, designou-os por escrutínio verbal e os eleitos partiram com a promessa de seguir fielmente, ponto por ponto, as instruções de Salomão.

Os três traidores, os assassinos de Hiram, que haviam voltado aos trabalhos do Templo, depois do crime, vendo que o corpo de Hiram fora encontrado, imaginaram que Salomão ordenaria imediatamente que se fizessem investigações para saber quem era o assassino. Ficando a par das ordens de Salomão através de outros oficiais, saíram de Jerusalém ao anoitecer e separaram-se a fim de, juntos, não provocarem suspeitas. Cada qual empreendeu a fuga, afastando-se de Jerusalém para ocultar-se em terras estranhas. Mal terminara o quarto dia de jornada, quando nove dos mestres pararam, extenuados de fadiga no meio das rochas, num vale, ao pé das montanhas do Líbano. Descansaram ali e, como começava a anoitecer, um deles permaneceu vigiando a fim de não serem surpreendidos. Sua missão obrigou-o a afastar-se dos companheiros. Ele divisou ao longe, através da fenda de uma rocha, um pequeno lume. Estremeceu surpreendido. Tranqüilizando-se, correu até aquele lugar, disposto a saber do que se tratava. Mal se aproximou, um suor frio invadiu seu rosto, ao avistar a entrada de uma caverna de onde saía a luz. Recobrando o ânimo, resolveu entrar. A entrada era estreita e muito baixa, de modo que entrou com o corpo encurvado e a mão direita na frente, para evitar as saliências da rocha, avançando os pés um atrás do outro e produzindo o menor rumor possível; chegando finalmente ao fundo da caverna, viu um homem dormindo recostado. Reconheceu nele imediatamente um dos obreiros do Templo de Jerusalém, da classe dos oficiais e, não duvidando de que se tratava de um dos assassinos, o desejo de vingar a morte de Hiram fê-lo esquecer as ordens de Salomão, armando-se de um punhal que encontrou aos pés do traidor cravou-o várias vezes no corpo do homem e em seguida cortou-lhe a cabeça. Terminada a ação, sentiu-se atacado de uma sede devoradora; percebeu aos pés do traidor um arroio em cujas águas aplacou a sede. Saiu da caverna levando numa das mãos o punhal e na outra a cabeça do traidor que conduzia pelos cabelos. Deste modo foi procurar seus camaradas que, ao vê-lo, estremeceram de terror. Contou-lhes o sucedido na caverna e de que modo encontrara o traidor que estava refugiado nela. Os camaradas disseram-lhe que, na dor exacerbada, havia-os colocado em desobediência quanto às ordens de Salomão. Reconhecendo suas faltas, o homem permaneceu transido, porém seus camaradas, que tudo esperavam da bondade do rei, prometeram-lhe obter uma graça. Em seguida, retomaram o caminho de Jerusalém, acompanhados daquele que ainda permanecia com a cabeça do traidor numa mão e o punhal noutra, chegando nove dias depois da partida. Entraram no Templo no momento em que Salomão estava encerrado no santuário com os mestres, como costumava fazer todos os dias ao término dos trabalhos, para recordar com dor o digno e respeitável arquiteto Hiram. Penetraram os nove, isto é, oito reunidos e o nono, levando sempre o punhal numa mão e a cabeça na outra, gritou três vezes: "Comigo vem a vingança" e, a cada grito, os três faziam a genuflexão. Salomão, porém, estremecendo diante daquele espetáculo, disse-lhe: "Desgraçado! Que fizeste? Não te disse que me reservasses o prazer da vingança?"

Então todos os mestres, com os joelhos postos em terra, gritaram: "Graças para ele!", argumentando que o zelo excessivo fizera que ele esquecesse as ordens. Salomão, cheio de bondade, perdoou-o, ordenando que a cabeça do traidor fosse exposta no extremo de um varapau guarnecido de ferro, numa das portas do Templo, à vista de todos os obreiros, o que foi imediatamente executado, esperando-se a descoberta dos demais traidores.

TERCEIRA LENDA

Salomão, percebendo que os traidores haviam-se dividido, acreditou que seria difícil descobrir os outros dois e, conseqüentemente, mandou publicar um edito em todo o reino pelo qual proibia que se desse hospitalidade a desconhecido sem passaporte, prometendo grandes recompensas aos que pudessem trazer-lhe os traidores a Jerusalém ou dar-lhe notícias deles. Um obreiro que trabalhava nas estradas de Tiro sabia de um estrangeiro que se refugiara numa caverna nas proximidades da estrada e que lhe havia confiado seu segredo, depois que o trabalhador lhe prometeu que deixaria arrancar a própria língua a revelar o segredo. Como o trabalhador viesse à cidade todos os dias buscar víveres para o traidor que estava na caverna, e como se encontrasse na cidade no momento preciso da publicação do edito de Salomão, fez contas sobre a recompensa prometida aos que descobrissem os assassinos de Hiram. O interesse pôde mais que a fidelidade à promessa feita. Então saiu e tomou o caminho de Jerusalém, no qual encontrou os nove mestres comissionados para procurar os culpados, os quais, percebendo que a sua expressão e presença faziam o homem mudar de cor, perguntaram-lhe onde ia e donde vinha. O desconhecido, fazendo o gesto de arrancar a língua, fincou o joelho na terra e, beijando a mão direita do que o interrogava, respondeu: "Como creio que sois enviados do rei Salomão para buscar os traidores que assassinaram o arquiteto do Templo, tenho de dizer que, apesar de haver prometido segredo, não posso agir de outra forma a fim de obedecer às ordens do rei que se encontram no edito que acaba de mandar publicar: um dos traidores que procurais está a um dia de caminho daqui, refugiado numa caverna entre as rochas, nas proximidades da estrada de Tiro, próxima a um grande sarçal. Um cão está sempre à porta da caverna e previne-o quando alguém se aproxima." Ao escutarem o relato, os mestres disseram-lhe que os seguisse e os conduzisse até as proximidades da caverna. O homem obedeceu e conduziu os mestres à estrada de Tiro, onde lhes mostrou o lugar em que se encontrava o traidor. Era o décimo quarto dia da jornada quando o descobriram; ao anoitecer, vislumbraram o sarçal; o tempo estava tempestuoso e imediatamente luziu o arco-íris. Havendo parado para presenciar o fenômeno, descobriram a caverna. Aproximando-se, notaram o cão dormindo e, para ludibriar a vigilância dele, tiraram os sapatos. Um grupo penetrou na caverna onde surpreendeu o traidor dormindo. Atacaram-no e prenderam-no e o levaram a Jerusalém, com o desconhecido que os havia guiado. Chegaram no décimo oitavo dia da partida, pela tarde, no momento em que os trabalhos terminaram. Salomão e todos os mestres, como faziam habitualmente, estavam no santuário do Templo para recordar com saudade Hiram. Entraram no Templo e apresentaram o traidor a Salomão que o interrogou e fê-lo confessar o crime. Ordenou que o eviscerassem e lhe arrancassem o coração, cortassem a cabeça e colocassem-na no extremo de um varapau guarnecido de ferro, numa das portas do Templo, da mesma forma que se fez com o primeiro, à vista de todos os obreiros e seu corpo foi arrojado ao monturo para servir de pasto aos animais. Salomão recompensou imediatamente o desconhecido e enviou-o, satisfeito, ao lugar de onde viera, esperando que o terceiro criminoso fosse encontrado.

QUARTA LENDA

Os nove últimos mestres já desesperavam de encontrar o terceiro traidor quando, ao vigésimo segundo dia de caminhada, perderam-se numa selva do Líbano, obrigando-se a franquear vários lugares perigosos, tiveram de passar a noite ali, escolhendo para tanto lugares cômodos para se resguardarem de animais ferozes que povoavam aqueles ermos. No dia seguinte, ao amanhecer, um deles foi fazer o reconhecimento do lugar onde se encontravam. Percebeu à distância um homem armado com machado e que descansava ao pé dum penhasco. Era o traidor a quem procuravam que, tendo-se inteirado de que seus cúmplices tinham sido detidos, fugia para o deserto, para se esconder. Vendo que um dos mestres se dirigia para ele, logo o reconheceu, por tê-lo visto no Templo de Jerusalém. Levantou-se então e foi ao encontro do mestre, crendo que nada devia temer dum único homem, mas, observando à distância os oito que se aproximavam a grandes passadas, fugiu precipitadamente, numa fuga que o caracterizou como culpado e que fez que os mestres suspeitassem de que ele poderia ser o traidor a quem procuravam. Os mestres decidiram-se a persegui-lo. Finalmente, o traidor, fatigado pelos obstáculos que franqueava para salvar-se, viu-se obrigado a esperá-los com pé firme, disposto a defender-se, preferindo morrer a se entregar. Como estava armado com um machado, ameaçava não respeitar nenhum deles. Despreocupados com sua temeridade, os mestres, armados de malhos, aproximaram-se dele, intimando-o a render-se. Porém, obstinado em se defender, ele lutou e se protegeu com furor durante longo tempo sem poder ferir ninguém. Os mestres se limitavam a aparar os golpes assestados, porque não queriam feri-lo antes de levá-lo a Jerusalém e apresentá-lo vivo a Salomão. Para obterem melhor resultado, metade deles descansava, enquanto os outros combatiam. Começava a noite quando os mestres, temendo que as trevas facilitassem a fuga do traidor, atacaram-no por todos os lados e agarraram-no no momento em que tentava saltar do alto de uma rocha. Desarmaram-no então, ataram-no e conduziram-no a Jerusalém, onde chegaram no vigésimo sétimo dia da partida, ao fim dos trabalhos cotidianos, no momento em que Salomão e os mestres estavam no santuário para elevar sua prece ao Eterno e recordar com tristeza Hiram. Os mestres entraram e apresentaram o traidor a Salomão, que o interrogou e, como ele não pôde justificar-se, foi condenado ao evisceramento, ao corte da cabeça, e o resto do corpo foi atirado ao fogo para ser reduzido a cinzas, lançadas depois aos quatro pontos cardeais. Sua cabeça foi exposta, como a dos outros dois, no extremo de um varapau com ponta de ferro. Seus nomes estavam escritos sobre cada varapau com instrumentos semelhantes aos que haviam utilizado no crime. Os três eram da tribo de Judá; o mais velho chamava-se Sebal, o segundo Oterlut e o terceiro Stokin. As três cabeças ficaram expostas durante três dias à vista de todos os obreiros do templo. No terceiro dia Salomão mandou acender uma grande fogueira à entrada principal e nela lançar as três cabeças, objetos de uso e os nomes, sendo tudo queimado até consumir-se completamente. As cinzas foram lançadas aos quatro pontos cardeais.

Tudo terminado, Salomão dirigiu os trabalhos do Templo com a assistência dos mestres e tudo correu em paz.

HISTÓRIA DO CAVALEIRO DO LEÃO

Foi dito que, quando Salomão perdoou os oficiais sublevados fazendo-os voltar ao dever, um deles, que não podia esquecer o castigo infligido a seus camaradas, resolveu atentar contra a vida de Salomão. Dirigiu-se ao palácio, para apunhalá-lo, matando um dos oficiais que lhe proibia a entrada. Depois, lutou com Salomão, que o obrigou a fugir e ocultar-se nas montanhas. Os guardas de Salomão perseguiram-no, em vão, durante doze dias, até que um deles, chamado La Bauce, avistou um leão arrastando um homem ao covil. O leão havia combatido e matado o homem. O guarda reconheceu naquele homem, a quem o leão estrangulara, a pessoa procurada. La Bauce cortou-lhe a cabeça e levou-a a Salomão que o recompensou dando-lhe uma cinta, símbolo da virtude, de cuja extremidade pendia um leão de ouro, representação do valor, que levava na boca uma maça com a qual fora morto.

Uma vez concluído o Templo, vários obreiros dedicaram-se, sob a direção dum chefe, ao trabalho de reformar os costumes, levantar os edifícios espirituais, com o que se fizeram recomendáveis pela sua caridade. Foram chamados Pais Kadosh, que quer dizer "separados pela santidade de sua vida".

Não se sustentaram durante muito tempo porque se esqueceram dos deveres e a avareza tornou-os hipócritas.

Os Ptolomeus Filadelfos, reis do Egito, príncipes dos astrólogos, eram os mais célebres e constantes amigos da caridade e ordenaram a setenta irmãos fazerem a versão das Sagradas Escrituras.

Rapidamente se afastaram os Pais Kadosh de seus deveres, ultrapassando os limites do bem-agir. Conservou-se, todavia, a Ordem, porque alguns, observadores zelosos da lei, afastaram-se deles. Elegeram então um grão-mestre vitalício; parte deles permaneceu na Síria e Sicília, dedicando-se às boas obras, os restantes foram habitar as possessões da Líbia e da Tebaida; em seguida, seus retiros foram habitados por solitários conhecidos pelo nome de Pais do Deserto; também se lhes chamava Kadosh, que quer dizer santo ou eremita.

Tanto os judeus como os cristãos nunca disseram nada de mal deles; o grande mestre chamava-se Manchemm.

Esta Ordem persistiu desde os judeus até os cristãos.

Depois da destruição do Templo, muitos abraçaram o cristianismo. Reuniram-se, pois, constituindo uma única família. Todos os seus bens foram comuns. Alexandre, patriarca da Alexandria, era seu maior ornato. Passavam a vida louvando e bendizendo a Deus e ajudando os pobres, que consideravam como seus próprios irmãos. Foi assim que esta venerável Ordem se susteve até os fins do sexto século e hoje todos os irmãos buscam suster seu brilho passado.

A CHAVE DAS PARÁBOLAS MAÇÔNICAS

Salomão é a personificação da ciência e da sabedoria suprema.

O Templo é a realização e a figura do reino hierárquico da verdade e da razão sobre a terra.

Hiram é o homem que alcançou o poder através da ciência e da sabedoria.

Governa segundo a razão e a ordem, considerando cada um por suas obras.

Cada grau da ordem possui uma palavra que traduz sua essência.

Não há mais que uma palavra para Hiram; esta, porém, se pronuncia de três maneiras diferentes.

Pronunciada pelos aprendizes quer dizer natureza e se exprime pelo trabalho.

Pronunciada pelos companheiros quer dizer pensamento, explicando-se pelo estudo.

Pronunciada pelos mestres quer dizer verdade e se exprime pela sabedoria.

Há três graus na hierarquia dos seres.

Há três portas no Templo.

Há três raios na luz.

Há três forças na natureza.

Estas forças são figuradas pela régua que une, pela alavanca que levanta e pelo martelo que afirma.

A rebelião dos instintos brutais contra a autocracia da sabedoria arma-se, sucessivamente, dessas três forças.

Há três rebeldes: o rebelde à natureza; o rebelde à ciência e o rebelde à verdade.

Estavam representados no inferno dos antigos pelas três cabeças de Cérbero.

Na Bíblia, por Coré, Datã e Abiron.

Na lenda maçônica são designados por símbolos, cujas combinações cabalísticas variam segundo as iniciações.

O primeiro, a quem se denomina Abiron, assassino de Hiram, golpeia o mestre com a régua.

É por esta razão que tantos justos foram imolados em nome da lei.

O segundo, chamado Miphiboseth, do nome de um pretendente ao reino de Davi, golpeia Hiram com a alavanca. As reações populares contra a tirania tornam-se, da mesma forma, tirania e atentam mais fatalmente ainda contra o reinado da sabedoria e da virtude.

O terceiro, finalmente, matou Hiram com o martelo, como fazem os restauradores brutais de uma pretensa ordem que crêem garantidora de sua autoridade com esmagar a inteligência.

A ramagem de acácia sobre a tumba de Hiram é como a cruz nos altares de Cristo.

É a figura da ciência que sustinha a própria ciência e que eleva seu protesto contra os assassinos do pensamento.

Quando os erros dos homens chegaram a transtornar a ordem, então a natureza interveio, da mesma forma que Salomão no Templo.

A morte de Hiram deve ser vingada, os assassinos podem ficar impunes um dia, porém a noite há de chegar para eles. O que golpeou com a régua provocou o punhal.

O que golpeou com a alavanca morrerá pela maça.

O que triunfou com o martelo cairá vítima da força de que abusou e será estrangulado pelo leão.

O que assassinou com a régua denunciou-se pela lâmpada que acendeu e pelo manancial em que bebia, isto é, ser-lhe-á aplicada a pena de Talião.

O que assassinou com a alavanca será surpreendido quando lhe faltar a vigilância como um cão adormecido.

O leão que devora o que assassinou com o martelo é uma das formas da Esfinge de Édipo; merecerá suceder a Hiram em sua dignidade quem houver vencido o leão.

O cadáver putrefato de Hiram demonstra que não ressuscitam as formas mortas e usadas.

Hiram é o único, verdadeiro e legítimo rei do mundo, dele é que se diz sempre:

"O rei morreu! Viva o rei!"

A maçonaria tem por objeto reconstruir a monarquia de Hiram e de tornar a erigir espiritualmente o Templo.

Então o dragão de três cabeças será encadeado.

Então as sombras dos três homicidas serão arrojadas às trevas.

Então a pedra viva, a pedra cúbica, o cubo de ouro, o cubo de doze portas, a nova Jerusalém, tudo isso descerá do céu, segundo a profecia cabalística de São João.

O manancial de água que corre perto do primeiro homicida indica que a rebelião da primeira idade foi sufocada com o dilúvio.

O sarçal ardendo e o arco-íris que permitem descobrir o segundo homicida representam a santa Cabala que protesta contra os dogmas farisaicos e a idolatria da segunda idade.

Enfim o leão vencido representa o triunfo do espírito sobre a matéria e a submissão da força bruta ante a inteligência, que deve ser o signo da consumação e do advento do *sanctum regnum*.

Desde que se iniciaram os trabalhos espirituais para edificar o Templo da verdade, Hiram foi morto muitas vezes e sempre ressuscitou.

Hiram é Adônis morto por um javali.

É Pitágoras proscrito.

É Osíris assassinado por Tifon.

É Orfeu despedaçado pelas Bacantes.

É Moisés enterrado, quem sabe vivo, nas cavernas do monte Nebo.

É Jesus assassinado por três traidores: Caifás, Judas Iscariotes e Pilatos.

É Santiago de Molay, condenado por um papa, denunciado por um falso irmão e queimado por ordem de um rei.

A obra do Templo é a do messianismo, isto é, da realização do simbolismo israelita e cristão.

É o restabelecimento da verdade legitimada, da inteligência e da virtude.

É a ordem através do equilíbrio do poder e do direito, bases inquebrantáveis do poder.

É o restabelecimento da iniciação hierárquica e do sacerdócio do pensamento, regulando a monarquia da inteligência e da força.

Tudo quanto foi feito no mundo careceria de sentido se esta obra não fosse levada a cabo algum dia.

HISTÓRIA DE PHALEG

Quando os homens se reuniram na planície de Sennaar, sob o reinado de Nemrod, houve um arquiteto chamado Phaleg.

Era filho de Heber, sacerdote dos hebreus. E para garantir os homens contra um novo dilúvio desenhou o plano de uma torre.

O primeiro alicerce da torre devia ser circular, tendo doze portas e setenta e dois pilares.

O segundo, quadrado, com nove pisos; o terceiro, triangular, em espiral de quarenta e duas voltas.

O quarto, em que a elevação da torre seria cilíndrica, com setenta e dois andares.

Subir-se-ia de um andar a outro por meio de sete escadas.

As portas de cada andar seriam abertas e fechadas por mecanismos cujo segredo seria guardado hierarquicamente.

Todos os habitantes da torre deviam ser iguais em direitos civis e os do alto não poderiam viver sem o auxílio dos de baixo, bem como estes não poderiam se defender das surpresas sem a vigilância daqueles.

Tal era o plano de Phaleg.

Porém os obreiros foram infiéis aos planos do grande arquiteto.

Os segredos de cima foram revelados aos que trabalhavam embaixo; não fecharam as portas, vedaram outras, forçaram outras para ocupar seu lugar nos andares superiores.

Depois, todos quiseram trabalhar a seu modo sem atentar para os planos de Phaleg.

A confusão apossou-se da linguagem deles bem como de seus trabalhos, e a torre caiu em parte e ficou em parte inacabada, porque os construtores não quiseram auxiliar-se mutuamente.

Deu-se a confusão de sua linguagem porque não havia unidade de pensamento.

Phaleg compreendeu então que esperara demasiado dos homens ao acreditar que eles se compreenderiam.

Porém os homens imputaram-lhe suas faltas e denunciaram--no a Nemrod.

Nemrod condenou-o à morte.

Phaleg desapareceu e não se soube o que fora feito dele.

Nemrod, crendo que Phaleg fora assassinado, ordenou que se fizesse um ídolo ao qual deu o nome de Phaleg; tal ídolo daria sua palavra de oráculo favorável à tirania de Nemrod. Porém Phaleg havia fugido para o deserto.

Deu a volta ao mundo para expiar seu erro demasiado generoso.

Onde quer que se detivesse edificava um tabernáculo triangular.

Um desses monumentos foi encontrado na Prússia, no ano 553, entre os escombros de uma mina de sal.

A quinze côvados de profundidade encontrou-se uma construção de forma triangular, em que havia uma coluna de mármore branco em cuja base estava escrita toda a história em hebraico.

> Aqui repousam as cinzas de nosso
> G.˙. H.˙. da Torre de Babel...
>
> Adonai perdoou-lhe os pecados dos
> homens porque os amou.
>
> Morreu por eles na humilhação,
> e assim expiou o fasto dos ídolos de
> Nemrod.

A TRAVESSIA DO RIO NABURANAÍ

No setuagésimo ano do cativeiro dos israelitas na Babilônia, o rei Ciro teve um sonho perturbador.

Viu uma pomba voar sobre sua cabeça e um leão que avançava sobre ele.

E, como procurasse um meio de escapar à fereza do leão, ouviu a pomba que lhe dizia: "Devolve a liberdade aos cativos."

Quando o rei se levantou, muito preocupado, comunicaram-lhe que um sábio israelita, nascido do outro lado do rio Naburanaí, solicitava oportunidade de falar-lhe.

O rei fez que se introduzisse aquele homem sábio e, tendo-lhe contado o sonho, pediu-lhe que o desvendasse.

Zorobabel, este era o nome do israelita, disse ao rei que era preciso restabelecer o templo de Deus.

— "Ó rei!" — disse-lhe — "Reter um povo com o emprego da força é abusar do poder".

"A força é o leão que vistes em sonho; é preciso vencê-lo com a justiça."

"A pomba é o símbolo da misericórdia e da luz."

Ciro lhe disse: "Ide e reuni vossos irmãos e reedificai o templo de Deus."

Depois entregou-lhe um machado, uma pá e uma chave.

Reuniu também os despojos do antigo templo saqueado pelos seus antecessores e enviou-os a Zorobabel.

Os israelitas reuniram-se e prepararam-se para cruzar o rio Naburanaí.

Porém o primeiro que avançou para sondar sua profundidade foi devorado pelos monstros saídos da água.

Chegaram outros e viram que o rio carregava ossadas e outras ruínas.

Os monstros que devoravam os passantes eram uma serpente e um crocodilo.

O crocodilo tinha uma coroa de ouro sobre a cabeça e a serpente, um diadema.

Eram os gênios maus do rio e os demônios das águas que, sob mil formas espantosas, apoderavam-se de todos os homens que intentavam cruzar naquele ponto.

Quando o contaram a Zorobabel, este mandou acender grandes fogueiras na margem do rio. Depois mandou construir uma ponte flutuante e lançá-la no meio das águas.

A ponte ficou pronta sem que os demônios presenciassem a construção, pois a atenção deles estava voltada para as fogueiras.

O povo de Israel atravessou.

Sobre a ponte estavam traçadas três letras mágicas cujo papel era o de talismã dos cativos que retornavam à pátria.

Eram as letras L.˙. D.˙. P.˙.

Representavam a cruz, a pedra angular e o Verbo de Verdade.

A cruz expressa a criação e o sacrifício.

A pedra angular é a fundação do templo, e o Verbo de Verdade preside às ações dos trabalhadores.

A pedra angular chama-se *Kether,* a cruz é *Chocmah* e o Verbo de vida é chamado *Binah.*

Com estes signos é que deveriam realizar a liberdade de Israel.

Tais letras podem ser combinadas de 3 maneiras:

São os signos dos nove mestres que vingaram a morte de Hiram.

São os hieróglifos dos três graus da maçonaria.

Com caracteres modernos significam: Liberdade, Dever, Poder.

Escrevem-se cabalisticamente desta forma:

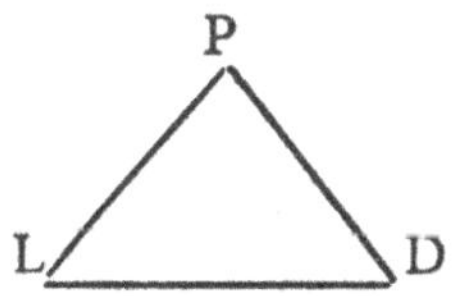

onde o poder apóia-se sobre o dever e a liberdade.

Para o vulgo estas iniciais querem dizer: Liberdade de passar.

Para os aprendizes e companheiros significam: Liberdade de pensar.

BAPHOMET[1]

Tem .·. o .·. h .·. p .·. Abb .·.

Binario verbam vitæ mortem et vitam equilibrans

Existem várias figuras de Baphomet.

Por vezes tem barba e cornos de bode, a face de um homem, o seio de uma mulher, a juba e as garras de um leão, as asas de uma águia, os flancos e o casco de um touro.

É a esfinge de Tebas rediviva, o monstro cativo e simultaneamente vencedor de Édipo.

É a ciência que protesta contra a idolatria, pela própria monstruosidade do ídolo.

Leva entre os cornos o facho da vida, e a alma vivente deste facho é Deus.

Os israelitas estavam proibidos de dar às concepções divinas figura humana ou animal; por esta razão é que apenas ousavam esculpir querubins, quer dizer esfinges com corpos de touros e cabeças de homem, de águia ou de leão.

Tais figuras mistas não reproduziam, na totalidade, nem a forma humana nem a de nenhum animal.

Esses conjuntos híbridos de animais fantásticos tornavam compreensível que o signo não era um ídolo ou a imagem de alguma coisa vivente, mas a representação de um pensamento.

Não se adora a Baphomet nesta imagem informe, e sem semelhança alguma com os seres criados, mas sim a Deus.

---

(1) Para a figura de Baphomet, ver o *Dogma e Ritual da Alta Magia*, tomo II.

Baphomet não é um Deus, é o signo da iniciação; é também a figura hieroglífica do grande tetragrama divino.

É uma lembrança dos querubins da arca e do Santo dos Santos.

É o guardião da chave do templo.

Baphomet é semelhante ao Deus negro do rabi Schimeon.

É o lado obscuro da face divina. Por esta razão, nas cerimônias iniciáticas, exigia-se do recipiendário que desse um beijo na face posterior de Baphomet, ou do diabo, para lhe dar um nome mais vulgar. Bem, no simbolismo da cabeça de duas faces, a que está atrás de Deus é o diabo, e a de detrás do diabo é a figura hieroglífica de Deus.

Por que o nome franco-maçons ou de maçons-livres? Livres do quê? Do temor de Deus? Sim, sem dúvida, porque quando se teme a Deus é que se O olha por trás. O Deus formidável é o deus negro, é o diabo. Os franco-maçons querem erigir um templo espiritual ao Deus único, ao Deus da luz, ao Deus da inteligência e da filantropia; em troca, movem guerra ao deus do diabo e ao diabo de deus. Porém inclinam-se ante as piedosas crenças de Sócrates, de São Vicente de Paula e de Fénelon. Os que, com Voltaire, apelaram de bom grado à infâmia, são aquela cabeça, ou melhor, aquela besta que na Idade Média ocupara o lugar de Deus.

Quanto mais viva é uma luz, mais negra a obscuridade que se lhe antolha. O cristianismo foi, ao mesmo tempo, a salvação e o castigo do mundo; é a mais sublime de todas as sabedorias e a mais espantosa das loucuras. Se Jesus não fosse Deus, seria o mais perigoso dos malfeitores. O Jesus de Veuillot é execrável; o de Renan indesculpável; o do Evangelho inexplicável; porém o de Vicente de Paula e o de Fénelon são adoráveis. Se o cristianismo é para vós a condenação da razão, o despotismo da ignorância, sois o inimigo da humanidade. Entendeis por cristianismo a vida de Deus na humanidade, o heroísmo da filantropia que, com o nome de caridade, diviniza o sacrifício dos homens que, através da comunhão, vivem na mesma vida e inspiram-se no mesmo amor.

A religião de Moisés é uma verdade; o pretenso mosaísmo dos fariseus era uma mentira.

A religião de Jesus é a mesma verdade que deu um passo adiante, revelando-se aos homens através de uma nova manifestação. A religião dos inquisidores e dos opressores da consciência humana é uma mentira.

O catolicismo dos Padres da Igreja e dos santos é uma verdade. O catolicismo de Veuillot é uma mentira.

É esta mentira que a franco-maçonaria tem por missão combater em proveito da verdade.

A franco-maçonaria não abriga as doutrinas dos Torquemada, dos Escobar, mas admite como símbolos as de Hermes, de Moisés e de Jesus Cristo (N. dos T. — Existe uma tradução brasileira do corpo de doutrina de Hermes Trismegistos, lançado pela Editora Hemus Ltda., sob o título de *Corpus Hermeticum*). O pelicano ao pé da cruz está bordado na cinta dos iniciados de maior grau, e não proscreve mais que o fanatismo, a ignorância, a néscia credulidade e o ódio, porém crê no dogma, único em seu espírito e múltiplo em suas formas, que é o da humanidade. Sua religião não é nem o judaísmo, inimigo dos demais povos, nem o catolicismo exclusivo, nem o protestantismo estreito; é o catolicismo verdadeiramente digno deste nome, quer dizer, a filantropia universal. É o messianismo dos hebreus!

Tudo é verdade nos livros de Hermes. Porém, por ocultá-los tanto aos profanos, terminou-se por torná-los inúteis ao mundo.

Tudo é verdade no dogma de Moisés; o que é falso é o exclusivismo e o despotismo de alguns rabinos. Tudo é verdade no dogma cristão, porém os sacerdotes católicos cometeram as mesmas faltas que os rabinos do judaísmo.

Estes dogmas se completam e se explicam uns aos outros e sua síntese será a religião do porvir.

O erro dos discípulos de Hermes foi o seguinte: É preciso deixar o erro aos profanos e fazer a verdade impenetrável a todo mundo, exceto aos sacerdotes; este o amargo fruto desta doutrina.

A idolatria, o despotismo e os atentados aos sacerdotes foram os amargos frutos desta doutrina.

O erro dos judeus foi a crença de que constituíam uma nação única e privilegiada e que eram os únicos herdeiros de Deus.

E os judeus, por represália cruel, foram amaldiçoados e perseguidos por todas as nações.

Os católicos cometeram três erros fundamentais:

1.º — Acreditaram que a fé deve ser imposta por força à razão e até à ciência cujos progressos combateu.

2.º — Atribuíram ao Papa uma infalibilidade, não somente conservadora e disciplinar, mas absoluta como a de Deus.

3.º — Acreditaram que o homem deve diminuir-se, anular-se, converter-se em desgraçado nesta vida, para merecer a futura, ao passo que, contrariamente, o homem deve cultivar todas as faculdades, desenvolvê-las, engrandecer a alma, conhecer, amar, embelezar a existência, numa palavra, fazer-se feliz, porque a vida presente é a preparação da futura e a felicidade eterna do homem começará quando tiver conquistado a paz profunda que é a resultante dum equilíbrio perfeito.

A conseqüência de tais erros foi o protesto da natureza, da ciência e da razão, que fazem crer, por um momento, na perda de toda fé e no aniquilamento de qualquer religião da terra.

Mas o mundo não pode sobreviver sem religião, como sem coração não pode existir o homem! Quando todas as religiões tiverem morrido, viverá a religião universal e única, será a conformidade de todos os homens na crença e na solidariedade universal, unidade de aspirações, diversidade de expressões, ortodoxia na caridade, universalidade quanto ao fundamento e, não direi indiferença, porém deferência para as formas análogas ao gênio dos diferentes povos, perfectibilidade dos dogmas, melhoramento possível dos cultos; porém, no fundo de tudo isto, a grande e imutável fé de Israel num único Deus, imaterial, imutável, e insubstancial, em que todas as figuras convencionais e imaginadas são ídolos, numa só razão que é a lei universal de todos os seres, e numa só nação, que é o instrumento de Deus para a criação e a conservação dos insetos e dos universos!

Assim é que, sob os auspícios e pela influência comercial de Israel, esperamos que se estabeleça, finalmente, na terra:

A Associação de todos os interesses.

A Federação de todos os povos.

A Aliança de todos os cultos.

E a solidariedade universal.

PROFISSÃO DE FÉ[1]

Cremos na soberania eterna e infinita. Na imutável soberania e na inteligência criadora.

Cremos na beleza suprema. Na bondade eqüitativa e na justiça misericordiosa e amorosa.

Acreditamos na fecundidade do progresso ordenado e na ordem eternamente progressiva.

Cremos no princípio da vida universal, no princípio do Ser e dos seres, sempre distintos do Ser e dos seres, porém necessariamente presente no Ser e nos seres.

Cremos que o princípio eterno, em tudo e por tudo, não poderia ser contido, encerrado, limitado ou definido de nenhum modo e que, conseqüentemente, toda forma, todo nome específico, toda revelação pessoal e exclusiva deste princípio são idolatrias e erros.

Cremos que o princípio está em todos nós e fala de cada um de nós pela voz da consciência.

Que a consciência não pode ser iluminada sem o concurso da fé, da razão e da piedade.

Cremos na razão absoluta que deve dirigir e regular os raciocínios particulares, constituir a base da fé e a medida de todos os dogmas, sob pena do fanatismo, da loucura e do erro.

Cremos no amor absoluto que se chama espírito de caridade e que inspira o sacrifício.

Cremos que, para alcançar a riqueza, é preciso dar, que se é feliz com a felicidade dos demais e que o egoísmo, bem entendido, deve começar pelo próximo.

---

(1) Estas páginas foram retiradas das cartas de Eliphas Levi, das quais o Barão de Spedalieri teve a amabilidade de facilitar a cópia.

Cremos na liberdade, na independência absoluta, na realeza de cada um, na divindade relativa da vontade humana, quando esta se acha regulada pela razão soberana.

Cremos que Deus – o grande e indefinível princípio – não poderia ser déspota nem verdugo de suas criaturas; que não pode recompensá-las nem castigá-las, mas que a lei traz em si mesma a sanção, de sorte que o bem é, em si mesmo, a recompensa do bem, e o mal, o castigo, mas também o remédio do mal.

Cremos que o espírito de caridade só é inflexível quando inspira a abnegação e a paz, porém que todos os homens podem-se enganar, sobretudo quando decidem sobre aquilo que ignoram, não conhecem ou não compreendem.

Cremos na catolicidade, isto é, na universalidade do dogma.

Cremos que em religião todos os homens inteligentes aceitam as mesmas verdades e somente disputam em razão dos erros.

Cremos que os homens mais razoáveis são os mais pacientes e que aqueles que perseguem a quem não pensa como eles provam com sua violência que ainda permanecem no erro.

Cremos que os deuses são fantasmas e os ídolos, nada; que os cultos estabelecidos devem ceder lugar a outros novos e que o sábio tanto pode orar numa mesquita quanto numa igreja. Todavia, preferimos a mesquita ao pagode e a igreja à mesquita, contanto que a igreja não seja envilecida por um mau sacerdote.

Numa palavra, cremos que Deus é único e a religião é unica como Ele. Em Deus, bendizendo todos os deuses, absorvendo ou anulando todas as religiões.

Cremos no Ser universal absoluto e infinito que demonstra a impossibilidade do nada e admitimos que o nada pode ser e chegar a ser alguma coisa.

Reconhecemos no ser duas modalidades essenciais a idéia e a forma, a inteligência e a ação.

Cremos na verdade de que o Ser é concebido pela idéia

Na realidade, que a Idéia é demonstrada ou demosntrável pela ciência.

Na razão, que é o Ser expresso exatamente pelo Verbo

Na justiça, que é o Ser posto em ação, segundo as verdadeiras relações e proporções razoáveis.

Cremos na revelação perpétua e progressiva de Deus nos desenvolvimentos de nossa inteligência e de nosso amor.

Cremos no espírito de verdade, inseparável do espírito de caridade e chamamo-lo com a Igreja católica:

Espírito de ciência oposto ao obscurantismo dos maus sacerdores.

Espírito de inteligência, oposto à estupidez dos supersticiosos.

Espírito de força para resistir aos prejuízos e às calúnias dos falsos crentes.

Esoírito de piedade, flilial, social ou humana, oposta ao egoísmo ímpio daqueles que tanto deixaram perecer para salvar sua alma.

Espírito de conselho, porque a verdadeira caridade começa pelo espírito e favorece em primeiro lugar às almas.

E, finalmente, Espírito de temor ao mal, que nos ensina a não lhe dedicar um culto sacrílego, figurando-nos um Deus caprichoso e malvado.

Cremos que este Espírito é o do Evangelho e que foi o de Jesus Cristo.

Por isso adoramos a Deus vivo em Jesus Cristo, de quem não fazemos um Deus distinto e separável do próprio Deus. Jesus foi um homem verdadeiro e completo como nós, porém santificado pela plenitude do espírito divino, falando pela sua boca, vivendo e agindo nele.

Cremos no sentido moral e divino do Evangelho lendário, cuja letra é imperfeita, mas cujo espírito é eterno.

Cremos na Igreja, una, santa, universal, da qual a Igreja romana foi o princípio e a forma.

Cremos que as leis de Moisés, dos Apóstolos e dos Papas, seus sucessores, foram transitórias, porém que a lei da caridade é eterna.

Razão por que não perseguimos nem condenamos ninguém.

Cremos que o egoísmo bem compreendido começa pelos demais e que os verdadeiros ricos são aqueles que dão.

Cremos na infalibilidade do espírito de caridade, porém não na temeridade dogmática de certos homens.

Cremos na vida eterna. Não tememos a morte, nem a nossa nem a dos viventes a quem amamos.

Admitimos integralmente os treze artigos do Símbolo de Maimonides e, conseqüentemente, consideramos os israelitas como nossos irmãos.

Admitimos que só Deus é Deus e que Maomé foi um de seus *Verbos precursores* (que é o significado da palavra profeta) e nos confraternizamos também com os muçulmanos.

Porém nos queixamos dos judeus e os censuramos por terem-nos chamado *goi,* e dos muçulmanos, porque nos chamaram *guiaours.* A tal respeito não concordaríamos em comungar com eles porque seria um fato fora da caridade.

Admitimos o Credo Apostólico de Santo Atanásio e de Nicéia, reconhecendo que devem ser explicados de maneira hierárquica, e que eles expressam os mais altos mistérios da filosofia oculta.

Porém reprovamos a reprovação e excomungamos a excomunhão, por ser um atentado contra a caridade e a solidariedade universal.

Admitimos a infalibilidade disciplinar e arbitral do chefe da Igreja e consideramos como pobres insensatos os que lhe atribuem uma infalibilidade arbitrária.

O Papa é o intérprete legal e conservador das antigas crenças, porém, se quer reformá-las, afasta-se do dever e não tem maior autoridade que a de um louco qualquer.

Estudamos a tradição, mas não lhe concedemos autoridade a não ser em matéria de crítica, posto que é o receptáculo comum das verdades e dos erros da antiguidade.

A antiguidade da crença, disse Tertuliano, é freqüentemente nada mais que a caducidade do erro.

Tal é a profissão de fé que deve reunir e absorver lentamente as demais. Tal é a religião das grandes almas do porvir. Quantos homens se encontram na atualidade em estado de compreende-la? Não saberia dizer, todavia penso que, se um profeta pudesse expressá-la em vos alta, perante todos os povos reunidos, seria apedrejado por todos os sacerdotes em meio ao desdém dos povos e com a compaixão tão-somente de alguns sábios.

Entretanto o Papa apronta tropas e inventa dogmas. Veuillot destila seu fel e analisa os olores de Paris. Paris, por sua vez, tapa o nariz ao perceber o olor de Veuillot. Este lava as mãos e diz: "É o perfume de Roma!"

E a soberania temporal não se envergonha de ter Veuillot por estandarte.

Em Paris, a censura proíbe a apresentação de *Galiléia,* de Ponsard. A Terra não daria voltas? Ou é eterno o reino do medo, o contínuo grunhido da besta contra o anjo, o embate das tiranias contra a inteligência livre, a bestialidade sempre privilegiada? Espírito sempre condenado, até quando manterás este mundo transtornado?

ELIPHAS LEVI

OS ELEMENTOS DA CABALA

Elementos da Cabala em dez lições
Cartas de Eliphas Levi[1]

PRIMEIRA LIÇÃO

PROLEGÔMENOS GERAIS

Senhor e irmão:

Posso conferir-vos este título posto que buscais a verdade na sinceridade de vosso coração e que estais disposto a fazer os sacrifícios que se façam necessários para alcançar o fim colimado.

Sendo a verdade a própria essência daquilo que não é difiícil encontrar, está em nós e nós estamos nela; é como a luz que os cegos não vêem.

O Ser é. Isto é incontestável e absoluto. A idéia exata do Ser é a verdade, seu conhecimento é a ciência; sua expressão ideal é a razão; sua atividade é a criação e a justiça.

Dizeis que desejais crer. Para tanto basta conhecer e amar a verdade. Porque a verdadeira fé é a adesão inquebrantável às deduções necessárias da ciência no infinito conjetural.

As ciência ocultas são as únicas que dão a certeza, porque tomam por base as realidades e não as ilusões.

(1) Estas cartas foram facilitadas por um discípulo de Eliphas Levi M. Montaut.

Permitem discernir em cada símbolo religioso a verdade e a mentira. A verdade é a mesma em qualquer lugar e a mentira varia, segundo os lugares, os tempos e as pessoas.

Estas ciências são em número de três: a Cabala, a Magia e o Hermetismo.

A Cabala, ou ciência tradicional dos Hebreus, poderia ser chamada de matemática do pensamento humano. É a álgebra da fé. Resolve com suas equações todos os problemas da alma, isolando as incógnitas.

Dá às idéias a sensatez e a rigorosa exatidão dos números; seus resultados são a infalibilidade da mente (sempre relativa na esfera dos conhecimentos humanos) e a paz profunda do coração.

A Magia, ou ciência dos magos, teve como representantes na antiguidade os discípulos e talvez os mestres de Zoroastro. É o conhecimento das leis secretas da natureza que produzem as forças ocultas dos ímãs naturais ou artificiais, e dos que podem existir ainda fora do mundo dos metais. Numa palavra e para empregar uma expressão moderna, é a ciência do magnetismo universal.

O Hermetismo é a ciência da natureza oculta dos hieróglifos e dos símbolos do mundo antigo. É a investigação do princípio de vida pelo sonho (para os que ainda não chegaram a ele), a realização da grande obra, a reprodução pelo homem do fogo natural e divino que cria e regenera os seres.

Eis aí, senhor, as coisas que desejais estudar: seu círculo é imenso, porém seus princípios são muito simples e estão contidos nos números e nas letras do alfabeto. "É um trabalho de Hércules semelhante a um jogo de crianças", dizem os mestres da santa ciência.

Os requisitos para se sair airosamente deste estudo são uma grande retidão de juízo e amplo ecletismo. Não se pode ter preconceitos e razão por que Cristo dizia: "Se não tiverdes a simplicidade da criança, não entrareis em *Malkuht*", isto é, no reino da ciência.

Começaremos pela Cabala, cuja divisão é: Berechit, Mercava, Gematria e Temura.

Vosso na sagrada ciência.

ELIPHAS LEVI

SEGUNDA LIÇÃO

A CABALA. OBJETO E MÉTODO

A proposição que deveis fazer-vos ao estudar a Cabala é chegar à paz profunda, através da tranqüilidade do espírito e paz do coração.

A tranqüilidade do espírito é um efeito da certeza; o sossego do coração deve-se à paciência e à fé.

Sem a fé, a ciência conduz à dúvida; sem a ciência, a fé conduz à superstição. As duas unidas produzem a certeza e, para juntá-las, não é preciso confundi-las. O objeto da fé é a hipótese e chega a converter-se em certeza quando a hipótese exige a evidência ou as demonstrações da ciência.

A ciência é comprovada com fatos. As leis são inferidas da repetição dos fatos. A generalidade dos fatos em presença de tal ou qual força demonstra a existência das leis. As leis inteligentes são necessariamente desejadas e dirigidas pela inteligência. A unidade das leis faz supor a unidade da inteligência legisladora. A esta inteligência, que estamos obrigados a supor segundo as obras manifestas, mas que não é possível definir, é que chamamos Deus.

A minha carta chegou a vossas mãos; eis aqui um fato evidente; a minha escrita foi reconhecida, bem como meu pensamento, e deduzistes disso que fui eu quem vos escreveu. É uma hipótese razoável, porém a hipótese necessária é a de que alguém escreveu a carta. Poderia ser apócrifa, porém não tendes razão para supô-lo. Se pretendêsseis que a carta tivesse caído do céu, estaríeis beirando o absurdo, estabelecendo uma hipótese absurda.

Eis aqui, segundo o método cabalístico, como se organiza a certeza:

Evidência		
Demonstração científica	}	*certeza*
Hipótese necessária		

Hipótese razoável .... *Probabilidade*
Hipótese duvidosa .... *Dúvida*
Hipótese absurda .... *Erro*

Não saindo deste método, o espírito adquire uma verdadeira infalibilidade, posto que afirma o que sabe, crê no que deve necessariamente supor, admite as suposições razoáveis, examina as suposições duvidosas e afasta as absurdas.

Toda a Cabala está contida no que os mestres chamaram as trinta e duas vias e as cinqüenta portas.

As trinta e duas vias são trinta e duas idéias absolutas e reais unidas aos dez números da aritmética e às vinte e duas letras do alfabeto hebraico.

Eis aqui estas idéias:

Números

1. — Supremo poder	6. — Beleza
2. — Sabedoria absoluta	7. — Vitória
3. — Inteligência infinita	8. — Eternidade
4. — Bondade	9. — Fecundidade
5. — Justiça ou rigor	10. — Realidade.

Letras

Aleph	— Pai	Lamed	— Sacrifício
Beth	— Mãe	Mem	— Morte
Ghimel	— Natureza	Nun	— Reversibilidade
Daleth	— Autoridade	Samech	— Ser universal
Hé	— Religião	Snain	— Equilíbrio
Vau	— Propriedade	Phé	— Imortalidade
Dzain	— Liberdade	Tsade	— Sombra e reflexo
Sheth	— Repartição	Koph	— Luz
Theth	— Prudência	Shin	— Providência
Iod	— Ordem	Tau	— Síntese
Caph	— Força		

Terceira Lição

USO DO MÉTODO

Na lição anterior falei tão-somente das trinta e duas vias; falarei depois das cinqüenta portas.

As idéias expressas pelos números e pelas letras são realidades incontestáveis. Tais idéias encadeiam-se e se combinam como os números. Procede-se logicamente de um ao outro. O homem é o filho da mulher, porém a mulher procede do homem como o número da unidade. A mulher explica a natureza; a natureza revela a autoridade, cria a religião que serve de base à liberdade e que faz o homem dono de si mesmo e do universo, etc. (Procurai um Tarô; creio porém que tendes um.) Disponde em duas séries de dez cartas alegóricas, numeradas de um a vinte e um. Vereis então todas as figuras que explicam as letras. Quanto aos números, do um ao dez, encontrareis neles a explicação repetida quatro vezes, com os símbolos de paus ou cetro do pai; copas ou delícias da mãe, espadas ou combate do amor e ouros ou fecundidade. O Tarô se encontra no livro hieroglífico das trinta e duas vias e a explicação sumária dele encontra-se no livro atribuído ao patriarca Abraão, que se chama *Sepher-Jezirah*.

O sábio Court de Gebelin foi o primeiro que adivinhou a importância do Tarô, a grande chave dos hieróglifos hieráticos. Encontraram-se os símbolos e os números nas profecias de Ezequiel e de São João. A Bíblia é um livro inspirado, porém o Tarô é o livro inspirador. Também foi chamado de roda, *rota,* de onde se deduziram as formas *tarô* e tora. Os antigos rosa-cruzes conheciam-no e o marquês de Suchet fala dele em seu livro acerca dos iluminados.

Deste livro é que surgiram nossos jogos de cartas. As cartas espanholas ainda possuem os principais signos do Tarô primitivo e são utilizados para jogar o voltarete ou jogo do *hombre,* reminiscência vaga do uso primitivo de um livro misterioso que contém as sentenças reguladoras de todas as divindades humanas.

Os três Tarôs antigos eram feitos de medalhas que depois serviam de talismãs. As chavetas ou pequenas chaves de Salomão eram compostas por trinta e seis talismãs, tendo setenta e duas estampas semelhantes às figuras hieroglíficas do Tarô. Estas figuras, alteradas pelos copistas, encontram-se ainda nas várias chavetas manuscritas que se encontram nas bibliotecas. Existe um desses manuscritos na Biblioteca Nacional e outro na Biblioteca do Arsenal. Os únicos manuscritos autênticos delas são os que mostram a série dos trinta e seis talismãs com os setenta e dois nomes misteriosos; os demais, ainda que antigos, pertencem às quimeras da magia negra e não são mais que mistificações.

Vede, para a explicação do Tarô, o meu *Dogma e Ritual da Alta Magia* (N. dos T. — Existe tradução brasileira da obra).

Vosso na sagrada ciência.

ELIPHAS LEVI

Quarta Lição

A CABALA

Senhor e irmão:

Bereschith quer dizer *gênese;* Mercavah significa "carrinho" em alusão às rodas e aos animais misteriosos de Ezequiel.

Bereschith e Mercavah resumem a ciência de Deus e do mundo.

Digo "ciência de Deus" e, portanto, Deus não é infinitamente desconhecido. Sua natureza escapa completamente a nossas investigações. Princípio absoluto do ser e dos seres, não pode ser confundido com os efeitos que produz e pode-se dizer, afirmando completamente sua existência, que não é nem o não-ser, nem o ser. Fato que confunde a razão sem extraviá-la e nos afasta definitivamente da idolatria.

Deus é o único *postulatum* absoluto de toda ciência, a hipótese necessária que serve de base à certeza. Eis aqui como nossos antigos mestres estabeleceram cientificamente esta hipótese correta da fé: o Ser é. No Ser está a vida. A vida manifesta-se pelo movimento. O movimento perpetua-se pelo equilíbrio das forças. A harmonia resulta da analogia dos contrários.

Existe, na natureza, lei imutável e progresso indefinido, mudança perpétua nas formas, indestrutibilidade da substância; e isto é o que se encontra estudando o mundo físico.

A metafísica apresenta leis e fatos análogos, na ordem intelectual ou na moral, *o verdadeiro, imutável,* de um lado; do outro, a fantasia e a ficção. De um lado, o bem que é o verdadeiro; doutro, o mal que é falso, e destes conflitos aparentes surgem o juízo e a virtude. A virtude compõe-se de bondade e justiça. Boa, a virtude é indulgente. Justa, é rigorosa. Boa porque é justa e justa porque é boa, mostra-se bela.

Esta harmonia entre o mundo físico e o mundo moral, não podendo ter uma causa superior a si própria, revela-nos a existência de uma sabedoria imutável, princípios e leis eternas e de uma inteligência infinitamente criativa. Sobre esta sabedoria e inteligência inseparáveis repousa a potência suprema que os hebreus chamam coroa. A coroa e não o rei, porque a idéia de um rei implicaria a de ídolo. A potência suprema é, para os cabalistas, a coroa do universo, e a criação inteira é o reino da coroa ou, mais precisamente, o domínio da coroa.

Ninguém pode dar o que não tem e virtualmente podemos admitir na causa o que se manifesta nos efeitos.

Deus é, portanto, a potência ou coroa suprema *(keter)*, que repousa sobre a sabedoria imutável *(chocmah)* e a inteligência criativa *(binah)*; nele estão a bondade *(chesed)* e a justiça *(geburah)*, que são o ideal da beleza *(tiphereth)*. Nele estão o movimento sempre vitorioso *(netzah)* e o grande repouso eterno *(hod)*. Sua vontade é uma criação contínua *(jesod)* e seu reino *(malchuth)* é a imensidade que povoa o universo.

Detenhamo-nos aqui; conhecemos a Deus!

Vosso na sagrada ciência.

ELIPHAS LEVI

Quinta Lição

A CABALA

II

Senhor e irmão:

Este conhecimento racional da divindade, escalonado nas dez cifras que compõem os números, vos oferece o método completo da filosofia cabalística. O método compõe-se de trinta e dois meios ou instrumentos de conhecimento, que se denominam as trinta e duas vias, e de cinqüenta objetos, aos quais pode-se aplicar a ciência, e que se chamam as cinqüenta portas.

A ciência sintética universal considera-se como um templo com trinta e duas vias de acesso e cinqüenta portas.

Este sistema numérico, que também poderia ser chamado decimal, porque sua base é dez, estabelece, pelas analogias, uma classificação exata de todos os conhecimentos humanos. Nada é mais engenhoso, lógico e exato.

O número dez, aplicado às noções absolutas do ser na ordem divina, metafísica e natural, repete-se três vezes, o que dá trinta para os meios de análise; acrescentai a silepse e a síntese, a unidade postulada pelo espírito, e a do resumo universal, e tereis as trinta e duas vias.

As cinqüenta portas constituem uma classificação dos seres em cinco séries de dez, que abraça todos os conhecimentos possíveis.

Porém não basta ter encontrado um método matemático exato, é preciso, para ser perfeito, que este método seja progressivamente revelador, isto é, que nos dê o meio de obter com exatidão todas as deduções possíveis, de obter os conhecimentos novos e de desenvolver o espírito, sem deixar nada ao capricho da imaginação.

Isto é o que se obtém pela *Gematria* e a *Temura* que são as matemáticas das idéias. A Cabala tem sua geometria ideal, sua álgebra filosófica e sua trigonometria analógica. É desta forma que obriga a natureza, de certo modo, a revelar seus segredos.

Adquiridos estes altos conhecimentos, passa-se às últimas revelações da Cabala transcendental e estuda-se *chemanphorach,* a fonte e a razão de todos os dogmas.

Eis aí, senhor e amigo, o que se deve aprender. Vede se não vos assusta; minhas cartas são curtas, porém são resumos muito concretos e que expressam muito em poucas palavras. Dei espaço, amplo o bastante, entre as minhas cinco primeiras lições, para vos dar tempo de refletir; posso, portanto, escrever-vos mais amiúde se o desejardes.

Acreditai-me desejoso de vos ser útil.

Vosso, de todo coração, na sagrada ciência.

ELIPHAS LEVI

Sexta Lição

A CABALA

III

Senhor e irmão:

A Bíblia deu ao homem dois nomes. O primeiro é Adão, que significa saído da terra ou homem de terra; o segundo é Enos ou Henoch, que significa homem divino ou elevado até Deus. Segundo o Gênese, Enos foi o primeiro que dedicou homenagens públicas ao princípio dos seres, o qual, segundo se diz, foi elevado aos céus, depois de tèr gravado nas duas pedras que se denominam as colunas de Henoch os elementos primitivos da religião e da ciência universal.

Henoch não é um personagem, mas uma personificação da humanidade, elevada ao sentimento da imortalidade pela religião e ciência. Na época designada com o nome de Enos ou Henoch, apareceu o culto de Deus representado no sacerdote. Na mesma época começa a civilização com a escritura e os monumentos hieráticos.

O gênio civilizador que os hebreus personificavam em Henoch foi chamado Trismegistos pelos Egípcios, Kadmos ou Cadmus pelos Gregos. Foi Kadmos que viu, aos acordes da lira de Anfion, elevarem-se as pedras vivas de Tebas.

O primitivo livro sagrado, o livro que Postel chamou Gênese de Henoch, é a primeira fonte da Cabala, ou tradição divina, humana e religiosa. Nele, a tradição aparece em sua nobre simplicidade, cativando o coração do homem, bem como a lei eterna regulando a expansão infinita, os números na imensidade e a imensidade nos números, a poesia nas matemáticas e as matemáticas na poesia.

Quem acreditaria que o livro inspirador de todas as teorias e símbolos religiosos foi conservado até nossos dias sob a forma de um jogo de cartas? Não obstante, nada é mais evidente; e Court de Gebelin foi o primeiro a descobri-lo.

O alfabeto e os dez números — isto é, certamente, o mais elementar da ciência. Reuni a isso os signos dos quatro pontos cardeais ou das quatro estações e tereis completado o livro de Henoch. Cada signo representa uma idéia absoluta ou, se preferis, essencial.

A forma de cada cifra e de cada letra tem sua razão matemática e significação hieroglífica.

As idéias, inseparáveis dos números, seguem, adicionando-se, dividindo-se ou multiplicando-se, etc., o movimento dos números, e adquirem a exatidão. O livro de Henoch é, enfim, a aritmética do pensamento.

Vosso na santa ciência.

ELIPHAS LEVI

Sétima Lição

A CABALA

IV

Senhor e irmão:

Court de Gebelin vislumbrou, nas vinte e duas chaves do Tarô, a representação dos mistérios egípcios, atribuindo sua invenção a Hermes ou Mercúrio Trismegistos, que foi chamado também Thaut ou Thoth. É certo que os hieróglifos do Tarô se encontram nos antigos monumentos do Egito; é certo que os signos deste livro, traçados em quadros sinóticos ou em tabelas ou lâminas metálicas, assemelham-se às inscrições isíacas de Bembo (N. dos T. — Estas inscrições eram feitas em lâminas de cobre e representavam os mistérios de Ísis e da maior parte das divindades egípcias), reproduzidas separadamente em pedras gravadas ou em medalhas, convertidas posteriormente em amuletos e talismãs. Assim se separavam as páginas do livro, infinito em suas combinações diversas para reuni-las, transportá-las e dispô-las de modo sempre original, obtendo múltiplos oráculos da verdade.

Possuo um destes antigos talismãs, trazido do Egito por um viajante amigo. Representa o binário dos Ciclos ou, vulgarmente, o "dois de ouros". É a expressão figurada da grande lei da polarização e do equilíbrio, produzindo a harmonia pela analogia dos contrários. A medalha um pouco apagada é do tamanho de uma moeda de prata de cinco francos, porém mais grossa. Os dois ciclos polares estão representados exatamente como no nosso Tarô italiano, por uma flor de Loto, com uma auréola ou nimbo.

A corrente astral que separa e atrai ao mesmo tempo os dois focos polares está representada em nosso talismã egípcio pelo bode de Mendés, colocado entre duas víboras, análogas às serpentes do caduceu. No reverso da medalha, vê-se um adepto ou um sacerdote egípcio que, substituindo Mendés entre os dois ciclos do equilíbrio universal, conduz por uma avenida ladeada por árvores o bode transformado num animal dócil pela ação da vara mágica.

Os dez primeiros números, as vinte e duas letras do alfabeto e os quatro signos astronômicos das estações resumem toda a Cabala.

Vinte e duas letras e dez números somam as trinta e duas vias do *Sepher Jetzirah,* quatro representam a *mercavah* e o *shemanphorah.*

É simples como um jogo de crianças e complicado como os mais árduos problemas das matemáticas superiores.

É ingênuo e profundo como a verdade e a natureza.

Esses quatro signos elementares e astronômicos são as quatro formas da esfinge e os quatro animais de Ezequiel e São João.

Vosso na sagrada ciência.

ELIPHAS LEVI

Oitava Lição

A CABALA

V

Senhor e irmão:

A ciência da Cabala impossibilita toda dúvida relativa à religião, por ser ela a única que concilia a razão com a fé, mostrando que o dogma universal formulado de maneiras diversas, porém no fundo sempre o mesmo, é a expressão mais pura das aspirações do espírito humano iluminado pela fé necessária. Clarifica a utilidade das práticas religiosas que concentram a atenção e fortificam a vontade. Prova que o mais eficaz dos cultos é aquele que aproxima, de certo modo, a divindade do homem, permitindo-lhe vê-lo, tocá-lo e, de certa forma, incorporá-lo. É suficiente dizer que se trata da religião católica.

Esta religião, tal como se apresenta ao vulgo, é a mais absurda de todas, por ser a mais bem *revelada* de todas; emprego esta palavra em sua verdadeira acepção: *revelare;* velar de novo. Sabeis que no Evangelho se diz que na morte de Cristo o véu do Templo se rasgou por completo; bem, todo trabalho dogmático da Igreja, através das idades, foi o de tecer e bordar um novo véu.

É verdade que os próprios chefes do santuário, por haverem desejado ser príncipes, perderam há muito tempo as chaves da elevada iniciação. Isto não impede que a letra do dogma seja sagrada e os sacramentos eficazes. Disse em meus livros que o culto cristão católico é a alta magia regulada e organizada pelo simbolismo e a hierarquia. É uma combinação de auxílios oferecidos à debilidade humana para afirmar sua vontade no bem.

Nada foi esquecido, nem o templo misterioso e sombrio nem o incenso que tranqüiliza e exalta ao mesmo tempo, nem os cantos prolongados e monótonos que colocam o cérebro em um semi-sonambulismo. O dogma, cujas formas obscuras parecem o desespero da razão, serve de barreira às petulâncias de um crítico inexperiente e indiscreto. Parecem insondáveis, a fim de melhor representarem o infinito. Os próprios ofícios, celebrados numa língua que a massa popular não entende, preenchem o pensamento daquele que ora e o deixam encontrar na oração tudo o que está em relação com as necessidades do espírito e do coração. Eis aí por que a religião católica se assemelha à ave fênix da fábula que renasce continuamente de suas cinzas. E esse grande mistério da fé é simplesmente um mistério da natureza.

Pode parecer um paradoxo dizer-se que a religião católica é a única que poderia chamar-se natural e, portanto, verdadeira; todavia é a única que satisfaz plenamente essa necessidade natural dos homens.

Vosso na santa ciência.

ELIPHAS LEVI

Nona Lição

A CABALA

VI

Senhor e irmão:

Se o dogma cristão-católico é completamente cabalístico, deve-se dizer o mesmo dos grandes santuários do mundo antigo. A lenda de Krishna, tal como a relata o Bhagavadam, é um verdadeiro Evangelho, similar ao nosso, porém mais ingênuo e brilhante. As encarnações de Vishnu são dez, como os Sefiroths da Cabala e formam uma revelação, de certo modo mais completa que a nossa. Osíris, morto por Tifon, depois ressuscitado por Ísis, é o Cristo renegado pelos judeus, depois glorificado na pessoa de sua mãe. A Tebaida é a grande epopéia religiosa que deve ser colocada ao lado do grande símbolo de Prometeu. Antígona é o tipo de mulher divina, tão pura quanto Maria. Em todas as partes o bem triunfa pelo sacrifício voluntário, após ter sofrido por algum tempo os assaltos desiguais da força fatal. Os próprios ritos são simbólicos e se transmitem de religião para religião. As tiaras, as mitras, as sobrepelizes figuram em todas as grandes religiões. Depois se deduziu que todas eram falsas, quando, em verdade, falsa é a conclusão. A verdade é que a religião é una como a própria humanidade, progressiva como ela e permanecendo sempre a mesma, transformando-se continuamente. Se, para os egípcios, Jesus Cristo se denomina Osíris, para os escandinavos Osíris é Balder, morto pelo lobo Jeuris, mas Voda ou Odin lhe devolve a vida e as Valkírias servem-lhe hidromel no Valhala. Menestréis, druidas, bardos, cantavam a morte e a ressurreição de Tarenis ou Tetenus, distribuíam a seus fiéis o agárico sagrado, como nós fazemos com o buxo bendito nas festas do solstício de estio, e rendiam culto à virgindade, inspirado nas sacerdotisas da ilha de Seyne.

Podemos, portanto, em plena consciência e com inteira razão, cumprir os deveres que nos impõe nossa religião materna. As práticas são atos coletivos e repetidos com intenção direta e perseverante. Semelhantes atos são sempre benéficos e fortificam a vontade, espécie de *gimnasia* que nos conduz ao fim espiritual que queiramos alcançar. As práticas mágicas e os passes magnéticos não têm outro objetivo e dão resultados análogos aos das práticas religiosas, ainda que sejam mais imperfeitos. Quantos homens não têm a energia para fazer o que desejam ou devem fazer? Há mulheres que se consagram sem desencorajar-se a trabalhos tão repugnantes e penosos como os das enfermeiras e educadoras. De onde tiram a força? Das pequenas práticas repetidas: rezam todos os dias seus ofícios e seus rosários, fazendo um exame particular.

Vosso na ciência.

ELIPHAS LEVI

Décima Lição

A CABALA

VII

Senhor e irmão:

A religião não é uma servidão imposta ao homem, é um auxílio que se lhe oferece. As castas sacerdotais trataram, o tempo todo, de explorar, vender e transformar este auxílio em jugo insuportável; a obra evangélica de Jesus tinha por objeto separar a religião do sacerdote ou pelo menos colocar o sacerdote na posição de ministro ou servidor da religião, dando à consciência do homem toda a liberdade e razão. Vede a parábola do bom samaritano e estes preciosos textos: "A lei se fez para o homem e não o homem para a lei. Desgraçados aqueles que prendem e impõem, sobre as espáduas dos outros, fardos que gostariam de tocar apenas com as pontas dos dedos, etc., etc." A Igreja oficial declara-se infalível no *Apocalipse,* a chave cabalística dos evangelhos, e há no cristianismo, sempre, uma igreja oculta ou *jvanuita* que, respeitando totalmente a necessidade da Igreja oficial, conserva do dogma uma interpretação diferente da que lhe dá o vulgo.

Os templários, os rosa-cruzes, os franco-maçons de alto grau pertenceram todos, antes da revolução francesa, à Igreja, da qual Martinez Pasqualy, Saint-Martin e até Mme. de Krudemer foram os apóstolos no século XVIII.

O caráter distintivo desta escola é evitar a publicidade e não se constituir, nunca, em seita dissidente. O conde José de Maistre, esse católico tão radical, era, ainda que não se acredite, simpático à sociedade dos Martinistas e anunciava uma regeneração próxima do dogma por luzes que emanavam dos santuários do ocultismo. Existem todavia sacerdotes fervorosos que estão iniciados nas doutrinas antigas, e um bispo, entre outros, falecido recentemente, pediu-me que lhe ensinasse cabala. Os discípulos de Saint-Martin tomaram o pseudônimo de filósofos desconhecidos, e os discípulos de um mestre moderno muito conhecido não tiveram necessidade de tomar nome algum, pois o mundo não suspeitava da existência deles. Jesus disse que a levedura deve ocultar-se no fundo da vasilha que contém a massa para trabalhar dia e noite em silêncio até que a fermentação invada lentamente toda a massa que deve formar o pão.

Um iniciado pode, com simplicidade e sinceridade, praticar a religião em que haja nascido, porque todos os ritos representam diversamente um único e mesmo dogma; porém não deve abrir o fundo de sua consciência mais que a Deus e ninguém deve saber suas crenças mais íntimas. O sacerdote não pode julgar o que o próprio Papa não compreende. Os signos exteriores do iniciado são a modesta ciência, a filantropia sem ruído, a igualdade de caráter e a mais inalterável bondade.

Vosso na santa ciência.

ELIPHAS LEVI

Apêndice *

SIPHRA DZENIÛTA OU O LIVRO OCULTO

I

Vimos no Livro Oculto que, criando o mundo, Deus fez pesar com a balança o que até então não havia sido pesado. Anteriormente, os homens não se olhavam face a face, isto é, a *união* dos esposos não se verificava da mesma forma que atualmente. Também os reis primitivos morreram porque não encontraram alimento adequado e a terra foi destruída. Então, a "Cabeça" mais desejável teve piedade do mundo que ia criar. A balança foi erguida numa região completamente nova. A balança funciona sob o peso dos corpos da mesma forma que sob o das almas; e até os próprios seres que ainda não existiam foram pesados. Como não houvesse seres anteriores, passaram pela balança os seres existentes e os destinados a existir mais tarde. Foi assim que o mundo atual foi formado; este é o Mistério dos mistérios. Na "Cabeça" existe um rocio límpido que preenche a cavidade. A membrana que a recobre é misteriosa e límpida como o ar. Pêlos muito finos estão presos à balança. A Vontade das Vontades manifesta-se pela oração dos homens na terra. O sábio, discreto vigilante, percebe a manifestação; da terra vê as luzes no alto. É por duas aberturas de cima que o Espírito celeste desce aos seres cá debaixo.

"No começo (Bereschith), Elohim criou o céu e a terra." Este versículo contém seis palavras, no começo das quais figura a palavra "Bereschith". Esse número é o emblema das sete partes

(*) Compilado pelos tradutores.

da "Cabeça" de onde emana toda bênção sobre a terra. O segundo versículo do Gênese começa com a palavra "ve-haaretz" (e a terra). É da terra que emana a maldição; porque Deus a maldisse. As Escrituras dizem que a terra era informe e desnuda (*thohou* e *bohou*) e que o espírito de Elohim flutuava sobre as águas. É uma alusão às treze glórias do Glorioso. O mundo subsistirá durante seis mil anos, aos quais se referem as seis primeiras palavras do Gênese. No começo do sétimo milênio, o mundo todo será aniquilado em doze horas. É a este cataclismo que se referem "*thohou, bohou*".

Na décima terceira hora do sétimo milênio, Deus nos dispensará sua misericórdia e renovará o mundo recolocando-o no estado em que estava nos seis milênios precedentes. Eis aqui por que as escrituras nos dizem primeiramente que Deus criou o céu e a terra e logo nos afirma que a terra era *thohou* e *bohou* e que as trevas cobriam a face do abismo; tal estado da terra se renovará efetivamente depois da criação, no começo do sétimo milênio. A esta época é que se refere o versículo "E Deus será poderoso neste dia" (Isaías, II, 11).

Entre os signos que Deus gravou no céu, no momento da criação, uma serpente podia ser vista estendida ao largo da terra e com a cauda enrolada à cabeça informe e nefasta. (N. dos T. — *Ouroboros*.) A serpente passa uma vez em cada mil dias pelo grande oceano, onde tem a cabeça destroçada, de conformidade com o que está escrito: "Destroçaste as cabeças dos dragões no fundo das águas" (Salmos, LXXIV, 13). Existem dois dragões, porém apenas um é que morre e é por esta razão que a palavra *thaninim* (dragões) está escrita sem a vogal 'i', o que coloca a palavra em número singular.

As Escrituras acrescentam: "E Elohim disse: Que a luz seja feita (*iehi*) e a luz foi (*vaiehi*) feita." Tornam a ser encontrados neste versículo os nomes sagrados: *Ieve* e *Ve*. A *Vau* final designa a *Schekhina* de baixo, bem como *Hé* designa a *Schekhina* de cima, mantendo a balança em equilíbrio. O versículo "E Elohim viu que a luz era boa" designa os *Hayoth* dos quais as Escrituras dizem que vão e vêm. A palavra "boa" neste versículo designa o justo que as Escrituras dizem que é bom. Está escrito: "Dizei ao justo que é bom" (Isaías, III, 10). Dos seis nomes que saem da raiz do Corpo celeste, *Yod* e *Hé* são as duas coroas do que é bom, pois está escrito: "Dizei ao justo que se amam e que se abraçam; delas sai a 'Língua' que fala das coisas sublimes." (N. dos T. — Trata-se da língua dos pássaros ou da linguagem ditada pelo Espírito Santo.) A "Língua" está escondida entre *Yod* e *Hé,* pois está escrito: "Esta dirá: sou de Jehovah e se glorificará com o nome de Jacó e escreverá com sua mão a Jehovah e se glorificará com levar o nome de Israel." *Hé* dirá a Jehovah: "Desço." Tudo isto está contido no nome *Iho.* A língua esconde a Mãe da qual saiu (Isaías, XLIV, 5). O Pai está sentado no lugar de honra e a Mãe no meio e oculta por ambos. Desgraçado daquele que descobre suas "partes pudendas" (Zohar, III, fl. 75 e ss.).

As Escrituras acrescentam: "E Elohim disse: Sejam feitos no firmamento os corpos luminosos do céu", o que significa: "Que o macho domine a fêmea", tal qual está escrito: "E o justo é o fundamento do mundo" (Provérbios, X, 5). Quando *Yod* projeta dois raios de luz, fecunda a fêmea. Quando *Yod* está destacado, eleva-se a um grau superior e a fêmea é obscurecida. A Mãe concentra então suas luzes no interior de seu palácio do qual fecha as portas. Assim, a luz que emana dos seis Nomes sagrados forma a "Chave" que fecha a "Porta" e que reúne o céu à terra. Desgraçado daquele que abre esta porta!

II

A "Barba" não foi mencionada no capítulo precedente entre as partes constituintes da "Cabeça" pela sua superioridade sobre as outras partes. Começa na região das orelhas e dá a volta à face. Um fio branco se destaca, pois que ele indica as treze glórias das quais as Escrituras dizem: "Onde homem (Adão) não passou jamais e onde homem *(ish)* jamais morou" (Jeremias, II, 6). O grau chamado "Adão" está sob esta "Barba" e com razão ainda maior o grau chamado *Isch.* Treze fontes surgem da "Barba" das quais apenas quatro são ocultas, enquanto nove servem para alimentar o corpo. No mês de *Tischri,* que é o sétimo do ano, essas treze fontes abrem as treze portas de misericórdia. É em relação a esta época do ano que as Escrituras dizem: "Buscai ao Senhor enquanto pode ser encontrado" (Isaías, LV, 6). E noutro lugar: "E mortificareis vosso corpo na noite do nono mês" (Levítico, XVI, 22), "Senhor Jehovah começastes a mostrar ao servidor a vossa grandeza" (Deuteronômio, III, 24). Neste versículo o nome de Jeová está escrito de forma completa, ao passo que na terra raramente o está. Há uma *Vau em cima* e uma *Vau* embaixo, bem como uma *Hé* de baixo, porém não há mais que uma *Yod* de cima, com a qual nada se associa e perto da qual nada pode chegar. É pela união da *Vau* e da *Hé* que se percebe levemente a *Yod,* tal como percebemos as veias sob a epiderme. Desgraçado do mundo quando a epiderme é suficientemente opaca para esconder as veias.

A "Cabeça" está cheia de rocio. Contém três cavidades. Duas linhas, negras como o corvo, formam arcos por cima de aberturas profundas, dispostas à direita e à esquerda da "Cabeça". Uma senda estreita separa por cima essas duas linhas. A Fronte não apresenta rugas, exceto quando irritada. Os Olhos são compostos de três cores. O Nariz é fino. Três chamas saem da abertura do Nariz. O nome *Ahi* é a síntese dos seis nomes precedentes. *Yod* ilumina a *Vau* e a *Hé.* Desgraçado do mundo quando a *Yod* se separa da *Vau* e da *Hé,* por causa dos pecados dos homens! Quando a *Yod* se separa da *Hé,* as Escrituras dizem: "Não descobrirás em tua Mãe o que deve permanecer ignorado".

III

A "Barba" é enfeitada com nove adornos gloriosos. O primeiro adorno é a disposição dos pêlos desde a abertura das orelhas até a comissura labial; segundo: o círculo traçado pela barba desde a comissura labial à outra; terceiro adorno: os pêlos saindo da abertura do nariz; quarto adorno: os bigodes; quinto: os "lunares" com forma de manchas; sexto: mechas de cabelo negro ao longo das frontes; sétimo adorno: os lábios vermelhos como uma rosa; oitavo adorno: os cachos cobrindo a nuca; nono adorno: cabelos longos alternando-se com curtos. Foi para responder a estes nove adornos que Davi invocou nove vezes o destinado a vencer seus inimigos. Com maior razão ainda a misericórida expande-se pelo mundo quando a "Barba" da "Cabeça Suprema" ilumina-o.

Está escrito: "E o Senhor disse: Que as águas produzam animais viventes que nadem" (Gênese, I, 20). *Jah* fundiu as luzes conjuntamente, a boa água com a má, o *Haya* superior com o *Haya* inferior, o bom *Haya* com o mau.

As Escrituras dizem: "E Elohim disse: Façamos homens à nossa imagem." Elas não dizem: "Façamos o homem", mas "Façamos homens", com a finalidade de excluir o "Homem" de cima, formado com o Nome completo. Quando o Homem de cima está completo, o homem de baixo também o está. Jeová é o lado masculino e Elohim o lado feminino. Para se fazer o homem à imagem de Deus, houve a necessidade de fazê-lo macho e fêmea. *Yod* designa o macho, *Hé* a fêmea; *Vau* é o produto de ambos. É por isto que as Escrituras dizem: "Criou-os macho e fêmea, bendisse-os e deu-lhes o nome de homem: "Adão", quer dizer, deu-lhes o nome do "Homem" sentado sobre o trono celeste e do qual recebeu a forma, como está escrito: "E por cima do trono via-se algo semelhante a um homem."

IV

A beleza do rosto revela-se raramente. Algumas letras que compõem a face são visíveis; porém outras restam ocultas aos seres de cima e de baixo. "E Deus disse: Que a terra produza seres viventes segundo sua espécie, os animais, os répteis, etc." Mais adiante as Escrituras dizem: "Irás em ajuda do homem e da besta, ó Senhor." O homem e a besta têm muito em comum; logo, o homem está compreendido na besta e a besta no homem. Quando "Adão" veio à terra, a Figura celeste tinha dois espíritos, um no lado direito, destinado ao homem, outro no lado esquerdo, destinado aos animais. Todavia, depois do pecado de Adão, o lado esquerdo estendeu-se tanto que penetrou no homem. Deste modo apareceu um excedente de espírito do lado direito, que não pode mais achar corpos de homens para penetrar, tendo o outro espírito tomado o seu lugar. Daí é que se tira a origem desta mistura de espíritos, engendradora de monstros. Ainda que as vinte e duas letras escondidas no alto sejam visíveis de baixo. Existe igualmente uma *Yod* velada, da mesma forma que uma *Yod* visível. A *Vau* que se assemelha ao fiel de uma balança mantém-nos em equilíbrio. A *Yod* designa tão-somente o Princípio masculino. A *Hé* designa o Princípio feminino. Da união da *Yod* com a *Hé* saiu a *Vau*. É por esta razão que as Escrituras dizem: "Os filhos de Deus, vendo que as filhas dos homens eram formosas, etc." (cf. *Livro de Henoch*). O final "filhas dos homens" designa o demônio, como está escrito: "Duas mulheres prostituídas apresentaram-se diante do Rei" (Reis, III, iii, 16). Os anjos, aos quais se referem as Escrituras, tendo visto a união suprema inferior entre macho e fêmea, quiseram imitá-la e uniram-se à mulher prostituída pelo demônio. Entraram, assim, em decadência e perderam a posição hierárquica que ocupavam anteriormente.

V

"Desgraça sobre a nação pecadora, ao povo carregado de iniqüidades, à raça corrompida, aos filhos delinqüentes. Abandonaram Jehovah, blasfemaram contra o Santo de Israel, regrediram." O nome *Jehovah* designa os sete graus, decompondo-se assim: *Yod, he, veh, hi, vau, hoi, hah. Vau* está representada pelo homem, composto de macho e fêmea. A *Vau* abandona o homem quando ele é um delinqüente. O Gênese começa com as palavras "Berschith baro..." A primeira palavra está completa; a segunda é composta de letras formando somente a metade da primeira. A primeira designa o Pai e a segunda o Filho, ora escondido, ora visível. O Éden de cima está escondido, enquanto que o Éden inferior é entrevisto; descobrem-se *Jehovah, Jah, Elohim.* A palavra *Eth* designa a união do lado direito com o lado esquerdo, *Adonai* com *Ehieh.* Depois da união do céu e a terra, Deus disse: "Que o firmamento se estenda em meio das águas para separar o 'Santo' do 'Santo dos Santos'." O Ancião dos dias estendeu-se para entrar em contato com seres humildes e modestos; a boca apenas ousa pronunciar essas coisas sublimes; engalanou-se com coroas modestas formadas por cinco classes de águas, pois está escrito: "E lançará sobre ela água vivificante" (Números, XIX, 17). Logo, Deus vivifica. E Deus disse: "Meu espírito não morará sempre com o homem, porque este é de carne." Estas palavras foram pronunciadas pelo Ancião dos dias. A palavra *Jadon* significa disputar; o versículo citado tem portanto o significado de: Meu Espírito não estará em desacordo com o "Homem" de cima, pois é este que derrama meu Espírito para baixo, pelas duas cavidades anteriormente referidas.

As Escrituras acrescentam: "E seus dias serão de cento e vinte anos." A *Yod* não possui valor numérico fixo, ora designa cem ora tem o valor de dez mil anos. É por isso que as Escrituras dizem que o rio do Jardim do Éden se divide em quatro canais. Esta divisão foi feita durante a queda dos anjos, porém não se renovou até a chegada de Josué. Os anjos caídos não reapareceram até a vinda de Salomão que, graças à sabedoria, podia obter vantagens. Caíram em desgraça, porém ainda estão divididos em reinos distintos. Movem-se contínuas guerras, bem como aos reis da terra. Treze de seus reis guerreiam com outros sete reis. Uma árvore olorosa cresce no meio de seus reinos e os pássaros povoam seus ramos. Uma serpente está enroscada em redor do tronco desta árvore, tendo a cauda na boca (N. dos T. — *Oroboros*). A *Hé* paragógica da palavra *Capekhah* designa a trombeta de Jobel, porque Jobel é o símbolo de *Hé:* e, quando *Hé* for visível para todos, Jehovah e Elohim serão Um, pois está escrito: "E o Senhor será único neste dia" (Isaías, II, 17).

Fim dos mistérios ocultos concernentes ao Rei, contidos no Siphra Dzeniûta. Bem-aventurado aquele que puder penetrá-los e conhecer seus sendeiros e caminhos!

CABALA

O Caminho da Liberdade Interior

Ann Williams-Heller

Este livro ilustrado revela princípios de conduta para a autodescoberta, para uma profunda percepção cósmica e liberdade interior. Ele usa o simbolismo geométrico e cabalístico da antiga Árvore da Vida e indica caminhos claros e simples na solução de questões metafísicas complexas.

Cabala: O Caminho da Liberdade Interior apresenta um novo tipo de psicologia cósmica que não só tem um lado transcendente, mas também um lado prático e pragmático. Trata-se de um livro que conduz os efeitos conhecidos às causas desconhecidas, torna o invisível visível, amplia aquilo que os nossos sentidos externos podem perceber e demonstra o que o nosso ser interior pode experimentar. Sem dúvida alguma, um livro que oferece uma base sólida e prática para a solução dos intrincados problemas dos dias atuais.

Através da simbologia da antiga Árvore da Vida, Ann Williams-Heller fala diretamente ao coração do leitor e demonstra a essência do pensamento puro que leva ao conhecimento da libertação interior.

EDITORA PENSAMENTO

A CABALA MÍSTICA

Dion Fortune

O homem moderno, como o da Antiguidade, ainda se debate entre um marasmo de incógnitas e apela, com renovado alento, para as mais diversas práticas, a fim de extrair das misteriosas mensagens da natureza e de outros campos de percepção a resposta que ele tanto deseja.

Este livro de Dion Fortune – uma das mais renomadas conhecedoras do moderno ocultismo experimental – atende a esse anseio comum e, ocupando-se com a obra dos modernos cabalistas como contribuição à psicologia da experiência mística, projeta novas luzes sobre a natureza da religião primitiva.

O conhecimento secreto, confinado durante tanto tempo ao juramento dos adeptos, chega agora até nós, porque a filosofia da Cabala é o esoterismo do Ocidente. A pureza, a clareza dos conceitos cabalísticos resumidos na Árvore da Vida – curioso diagrama que constitui a chave da Cabala como sistema de iluminismo – convertem um hieróglifo num símbolo admirável para a meditação e a exaltação da consciência, justificando plenamente o qualificativo que Dion Fortune lhe aplica: a Ioga do Ocidente.

A Cabala Mística é uma obra avançada, prática e dinâmica, que inicia quem a lê numa das mais fascinantes disciplinas de todos os tempos.

EDITORA PENSAMENTO

O CAIBALION

Três Iniciados

Entre os fragmentos de conhecimentos ocultos possuídos pelo mundo contam-se os Preceitos Herméticos, reunidos neste livro e atribuídos ao imortal Instrutor egípcio conhecido entre os gregos como Hermes Trimegisto, o "Três Vezes Grande". Considerado em seu tempo o Mensageiro dos Deuses, ele viveu sob os prósperos signos das dinastias divinas, imprimiu o indelével selo da vida espiritual em seu grande povo, e implantou a oculta tradição sagrada, os santos rituais, os gloriosos mistérios e, segundo os gregos, nos legou o tesouro de 42 Livros Sagrados, entre os quais se inclui o famoso *Livro dos Mortos*, originalmente intitulado o *Livro da Saída da Luz*. Fundou também as Escolas de Sabedoria anexas aos Santuários Maiores, onde se ensinavam medicina, astronomia, astrologia, botânica, agricultura, geologia, ciências naturais, matemáticas, música, arquitetura, escultura, pintura e ciência política. A Ciência hoje chamada Hermética permanece ainda viva, e este livro reúne, para reflexão dos estudiosos, alguns dos seus preceitos fundamentais, cuja consistência tem sido comprovada através dos séculos.

EDITORA PENSAMENTO